KB264150

최고의 공부법

유대인 하브루타의 비밀

초판 1쇄 발행 2014년 11월 21일
초판 4쇄 발행 2016년 11월 11일

지은이 전성수

발행인 장상진
발행처 (주)경향비피
등록번호 제2012-000228호
등록일자 2012년 7월 2일

주소 서울시 영등포구 양평동 2가 37-1번지 동아프라임밸리 507-508호
전화 1644-5613 | **팩스** 02) 304-5613

ⓒ 전성수

ISBN 978-89-6952-046-3 13370

· 값은 표지에 있습니다.
· 파본은 구입하신 서점에서 바꿔드립니다.

최고의 공부법

전성수 지음

경향BP

한국의 미래,
공부 방법에 달렸다

우리나라 사람들은 대학을 졸업할 때까지 잠자는 시간 빼놓고 어디에서 가장 많은 시간을 보낼까? 학교다. 학교에서 공부를 한다.

이처럼 우리나라 사람들은 대학 졸업할 때까지 20년 동안 공부를 해야 한다. 아이가 태어나기 전부터 태교를 하고, 태어나자마자 요람 옆에 한글, 영어 알파벳과 숫자공부로 끊임없이 공부를 한다.

장기간에 걸친 공부는 우리 삶에 많은 영향을 끼친다. 20년 동안은 가치관이 형성되고, 습관이 만들어지고, 인성이 개발되는 가장 중요한 시기이므로 어떤 방법으로 공부하느냐는 그 나머지 삶에 절대적으로 영향을 미친다.

공부는 일방적으로 진행되는 강의나 설명만으로 습득하기는 어렵다. 혼자 하는 공부는 외부와 단절되어 사람과 소통하기 어렵게 한다. 훌륭한 지도자는 다양한 사람들과 소통하며 열린 사고를 가진 사람이다.

공부는 ＿＿＿＿＿＿＿＿＿＿＿＿＿＿＿＿＿＿＿＿이다.

위의 빈칸을 채워 넣어 공부에 대한 평소 생각을 써 보자.

공부는 '엉덩이 싸움'일까? 우리는 공부를 외우는 것, 책상에 오랫동안 앉아 있는 것, 혼자 책과 씨름하는 것이라고 생각한다. 우리에게 공부는 인내하는 것이고, 견디는 것이다. '사당오락'이란 말이 유행한 적이 있다. 공부할 때 4시간 자면 합격하고 5시간 자면 떨어진다는 것이다.

우리가 접하는 공부에 대한 격언 중 재미있는 말들이 있다.

'한 시간 더 공부하면 남편(아내) 얼굴이 바뀐다.'

'행복은 성적순이 아닐지 몰라도 성공은 성적순이다.'

'지금 이 순간에도 적들의 책장은 넘어가고 있다.'

'죽어라 공부해도 죽지 않는다.'

이 격언들의 공통점은 공부는 노력해야 하는 것이고, 오래 할수록 좋고, 혼자 해야 하며, 견뎌내야 한다는 것이다. 아마 학생들의 책상 앞에 가장 많이 붙어 있는 말은 '인내는 쓰나 열매는 달다'라는 말일 것이다. 공부는 인내하는 것이다.

그런데 현대사회의 공부는 평생 해야 하는 것이다. 평생 동안 공부해도 성공하기 어려운 시대에 우리는 살고 있다. 그런데 견디고 인내해야 하는 공부를 평생 동안 할 수 있을까? 예전에는 주변에 독서실이 참 많았다. 그런데 요즘 독서실들이 많이 사라졌다. 혼자 힘들게 앉아서 책과 씨름하는 것이 쉽지 않으니 가지 않게 되고, 그래서 사라지는 것이다. 그런 좁은 칸막이가 약간 넓어지면 고시원이 된다.

우리나라 사람들은 책상 앞에 앉아 혼자 책과 씨름하면서 공부할수록 출세한 다고 생각한다. 수능을 비롯하여 사법고시, 행정고시, 외무고시 등등 모두 혼자 오랫동안 책과 씨름해야 가능하다. 이렇게 공부해서 우리의 지도자들이 된다. 그래서 소통할 줄을 모른다.

우리나라와 유대인을 비교했을 때 우리는 지능도 유대인보다 앞서고, 공부하는 시간도 훨씬 길고, 부모의 교육열도 기러기 아빠가 없는 유대인보다 높고, 교사의 수준도 뛰어나다. 그런데 노벨상을 받은 유대인들은 200여 명인데 우리는 평화상 딱 1명이다.

이유가 무엇일까? 그것은 바로 공부 방법 때문이다. 우리의 공부는 '듣고 외우고 시험 보고 잊어버리는' 공부다. 혼자 책과 씨름하고, 교사의 강의나 설명을 듣는 것이다. 교사가 가장 많이 하는 말은 "조용히 해, 시끄러워, 떠들지 마"이다. 교실은 조용히 하는 곳이고, 독서실이나 도서관에 가장 많이 붙어 있는 말은 '정숙'과 '조용히'이다.

우리는 공부 방법 하나만 바꿔도 유대인을 앞설 수 있다. 다른 모든 것들은 유대인들보다 앞서 있기 때문이다. 그들이 노벨상 30%를 차지하고 아이비리그 입학률 30%를 차지하며 법률, 언론, 금융, 경제 등에서 두각을 나타내는 이유는 어느 누구하고도 질문하고 대화, 토론, 논쟁하는 공부 문화에 있다. 이렇게 짝을 지어 질문하고 대화, 토론, 논쟁하는 것을 '하브루타'라고 한다.

친구와 떠들면서 대화, 토론, 논쟁을 하면 공부가 즐겁다. 질문과 토론은 뇌를 격동시킨다. 끊임없이 생각하게 한다. 그래서 안목과 통찰력, 지혜, 창의성이 생긴다. 다양한 관점의 사고가 가능해져 하나의 정답이 아닌 다양한 해답을 갖게 된다.

더불어 친구와 떠들면서 공부하면 모든 인성 문제가 해결된다. 소통, 경청, 배려, 사회성 등이 저절로 길러진다. 그러면서 왕따나 여러 가지 청소년 문제가 줄어든다. 집에서 가족끼리 대화하면 대부분의 가정 문제가 해결되면서 행복이 찾아온다. '하브루타'는 유대인들이 3800년 역사를 통해 그 효과를 이미 증명해 놓았다.

자녀와의 관계성이든, 자녀의 사고력 신장이든, 가치관 정립이든, 행복한 가족 관계든 모두 '하브루타'로 가능하다. 대화가 인간만의 고유한 능력이자 가장 강력한 수단이기 때문이다. 공부는 언어의 의미를 파악해내는 힘이 핵심이다. 책 읽기보다 이야기를 나누는 것이 더 중요하다. 하브루타는 뇌를 격동시켜 최강의 뇌로 만든다. 하브루타는 관계성을 높여 가족들 사이를 행복하게 만들고 사고력을 높여 성공하게 만든다.

우리 교육의 가장 심각한 문제는 생각하기를 가장 싫어하는 아이들로 만든다는 점이다. 교과서에 있는 정답을 외워 정답을 찾는 시험만 계속 보다 보니 외우는 것은 할 줄 알아도 생각은 하지 않는다. 스타 강사는 학생들의 생각을 최소화시키고 정답을 족집게처럼 빨리 찾는 방법을 알려주는 사람이다. 생각하지 않는 사람에게 어떤 미래가 있겠는가? 생각을 즐기는 민족의 미래와 생각하기를 가장 싫어하는 민족의 미래를 한번 생각해 보자. 질문과 토론은 생각해야 할 수 있다.

'하브루타'는 우리에게 있어 모든 교육에 대한 패러다임을 바꾸는 교육혁명에 해당한다. '하브루타'는 우리가 최고의 가치라고 생각하는 행복과 성공을 동시에 가져다 주는 핵심이다. 더불어 새로운 시각으로 보게 하는 창의성을 본질적으로 개발시키며, 모든 문제를 가정에서 의논하고 토론하게 함으로써 마음속에 분노가 쌓이지 않게 하는 인성 교육에 가장 탁월한 방법이다.

아주 단순해 보이는 이 개념은 지식을 지혜와 고등 사고력으로, 암기에서 토론으로, 성적을 실력으로, 하나의 정답을 다양한 해답으로, 듣는 교육을 묻는 교육으로, 고립된 공부를 소통하는 공부로, 지겨운 공부를 즐거운 공부로, 타율적인 교육에서 자기 주도적 공부로 바꾸는 핵심 비결이다. 하브루타는 학생들이 정말 열심히 공부하는데 정작 공부를 싫어하게 만들고, 국제 올림피아드에서는 우수한 성적을 거두는데 그와 관련된 노벨상은 받지 못하는 것에 대한 해결책이다. 자녀들의 교육에 목숨을 걸고 모든 것을 희생하면서 키우지만 정작 그 자녀들로부터 무시를 당하는 부모들에 대한 해결책이기도 하다. 하브루타는 한국 교육을 바꾸는 핵심 키워드다.

미국에 유학을 가거나 이민 2세들이 아이비리그에 진학했다는 뉴스를 자주 듣는다. 이제 우리나라에서 고등학교를 졸업하고 직접 미국 명문대에 들어가는 경우도 늘어나고 있다. 하지만 조기 이민에 기러기 아빠까지 자처해서 어렵게 들어간 아이비리그 대학을 중도에 거의 절반 가까이가 그만두고 있다. 또 대학에서 중도에 탈락하지 않고 졸업을 하더라도 미국 주류 사회에 진출하여 정착하는 경우는 드물다. 설사 진출에 성공했다 하더라도 몇 년을 못 넘기고 실업자로 전락하거나 부모를 돕는 신세가 되고 만다. 그것은 통계가 보여준다. 〈포춘〉에 의하면 한국인이 미국의 500대 기업에 간부로 일하는 경우는 0.3%에 불과하다고 한다. 이에 비해 유대계는 41.5%, 인도계는 10%, 중국계는 5%를 차지한다. 유대인은 우리의 140배이고, 인도인은 우리의 33배에 해당한다.

이런 결과가 왜 생긴 것일까? 성적에만 매달리고 지식을 쌓는 데만 신경 쓰고 좋은 대학에 들어가는 데만 집중했지, 왜 사는지, 무엇을 위해 살아야 하는지 등에 대해 한 번도 진지하게 고민하지 않았기 때문이다. 서로 대화하고 타협하고 협상하면서 살아가는 인간관계 능력을 기르지 못했기 때문이다. 그런 인간관계의 기본은 자녀와 부모 사이이고, 가족끼리 관계가 제대로 되지 못하면 사회에 나가서도 다른 사람과 대인 관계를 하기 어렵다. 하브루타는 인성과 창의성에 탁월한 교육 방법이다. 토론 교육은 학습자의 인지적, 창의적, 사회적 학습에 긍정적 효과가 있을 뿐아니라 아이디어 산출, 개선과 수정, 보완과 결합 등의 창의적인 특성들을 자극해서 싹 틔운다.

우리는 그동안 100m 달리기처럼 공부를 해왔지만 이제 빨리 빨리의 속도보다 더 중요한 것은 방향이다. 공부 방법을 바꾸는데 국가의 미래가 달려 있다. 일방적으로 강의하고 설명하는 것을 듣고, 혼자 책과 씨름하는 공부는 소통하지 못하는 사람을 만들 뿐이다. 그렇게 외운 지식들은 이제 스마트폰 하나면 모두 해결되는 시대에 우리는 살고 있다.

'하브루타'를 한국에 소개한 지 2년이 안 되어 '하브루타교육협회'가 자발적으로 생겨나고, 하브루타교육사 자격증이 생기고, 하브루타교육협회 지회가 생기고 있다. 하브루타는 이제 가정과 학교, 사회를 바꾸는 핵심 키워드가 되고 있다. 한국 교육이 조금이라도 바뀌기를 바란다면 그 실천은 '지금부터, 나부터, 할 수 있는 것부터'이다.

'하브루타교육협회'는 앞으로 학교 설립부터 한국 교육을 혁신시키기 위한 많은 일들을 시도할 것이다. 그러기 위해서는 여러 사람들의 힘이 합해져야 하고, 후원과 기부가 필요하다. 공부 방법을 소통과 질문, 토론으로 바꾸는 것은 한국 문화를 바꾸는 것이고, 한국의 미래를 창대하게 하는 것이다.

: 목차 :

1부

최상의 공부

공부의 의미 | 21세기 인재형 | 최고의 지능, 최고의 공부시간
뇌 과학과 공부 | 학습 피라미드와 하브루타 | 거꾸로 교실과 하브루타

1장

공부의 의미

4개 신호등의 순서는? | 초등학생 때 기억나는 것 | 듣고 외우고 시험 보고 잊어버리고
조용히 해! | 일방이냐 쌍방이냐? | 일방적인 교육 문화

4개 신호등의 순서는?

4개 신호등의 순서를 써 보자.

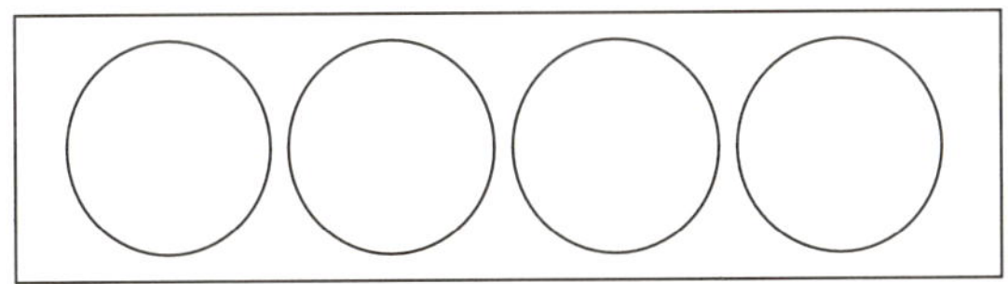

우리는 신호등을 하루에도 수십 번씩 본다. 횡단보도를 건너갈 때마다 보고, 교차로에서도 본다. 특히 운전자는 신호등을 더 많이 보게 된다. 신호등은 2개, 3개, 4개짜리 3종류가 있다. 초록, 빨강, 주황, 좌회전 4개의 신호등 순서를 왼쪽에서 오른쪽으로 생각하며 써 보자.

우리는 수천 번, 수만 번 신호등을 보았다. 그러면 신호등이 당연히 기억이 나야 한다. 그런데 기억이 잘 나는가? 아무리 기억하려고 해도 잘 기억이 나지 않는 경우가 많다.

왜 우리는 수만 번 본 신호등의 순서를 잘 기억하지 못하는 것일까?

우리는 일상생활에서 신호등을 보며 왜 신호등을 그런 순서로 만들었는지 전혀 질문하지 않는다. 유대인들은 모든 공부의 소재를 생활 주변에서 찾는다. 그들은 신호등을 보여주고, 왜 그런 순서로 배치했는지 원리를 찾아내는 토론을 한다. 토론을 한 다음 발표한다. 서로 여러 가지 다른 생각들을 나누는 것이다.

교통에서 가장 중요한 것은 안전이다. 안전의 반대말은 위험이다. 위험을 먼저 경고해야 한다. 그래서 신호등 배치의 원리는 '위험 → 안전'이다. 이 원리만 알고 있으면 신호등의 순서는 외울 필요가 없다. 2개의 신호등은 위험을 나타내는 빨강에서 안전의 초록 순으로 배치가 되고, 3개는 그 가운데에 주의 경고인 주황이 들어간다. 그럼 4개의 신호등 순서는 금방 나온다. 위험인 빨강, 주의 경고인 주황, 2개의 안전인 초록, 2개의 신호등 중에서는 더 안전한 것이 둥근 초록이므로 그 앞에 좌회전 신호를 배치해서 빨강 → 주황 → 좌회전 → 초록의 순서가 된다.

우리는 신호등의 순서를 외워도 1개월 후에 물으면 기억해서 말하기 쉽지 않을 것이다. 하지만 원리만 알고 있다면 외울 필요도 없이 10년 후에 물어도 순서를 말할 수 있을 것이다.

02

초등학생 때 기억나는 것

초등학교 6년 동안 기억나는 것 3가지만 써 보자.

① ____

② ____

③ ____

자신이 쓴 3가지를 유심히 살펴보자. 어떤 것들이 기억났는가?

우리가 쓴 것들은 대부분 자신이 직접 체험한 것들일 것이다. 초등학생

때 직접 했거나 당했던 것들이다. 소풍을 갔거나, 수학여행을 갔거나, 운동회 때 있었던 일이나, 매를 맞았거나, 벌을 섰거나, 화장실 청소를 했던 일 등 모두 자신이 직접 경험한 것들이다.

자신이 쓴 것 중에 6년 동안 선생님에게 듣고 배웠던 내용이 들어 있는지 확인해 보자. 초등학교 6년 동안 우리는 여러 선생님으로부터 수도 없이 많은 내용을 듣고 배웠고 외웠다. 하지만 그것을 기억해서 쓰는 경우는 매우 드물다. 아마도 썼다 하더라도 구구단이나 그림 그린 일, 연주를 한 일 등 자신이 직접 했던 일들일 것이다.

왜 우리는 선생님으로부터 듣고 배운 내용을 잘 기억하지 못하고 직접 경험한 일들만 기억에 남을까?

교육은 삶의 일부이고, 삶과 직결될수록 의미를 갖는다. 그런데 삶 속에서 쓸모가 없고 거의 기억에 남지 않는다면 학교에서 공부하는 것이 갖는 의미는 무엇인가?

우리가 직접 체험한 일만 기억에 남는다는 것은 중요한 시사점을 준다. 아이들이 직접 말하고, 만지고, 체험한 것만 기억에 오랫동안 남는다. 그래서 교육은 학생들로 하여금 직접 하게 해야 한다는 점이다.

학생들이 직접 말로 표현하고 생각하고 토론하고 체험한 것만 학생 것이 되기 때문이다.

03

우리의 교육은 한마디로 '듣고 외우고 시험 보고 잊어버리고'의 끊임없는 반복이다. 우리의 교육은 그 어디를 가나 계속 듣는 교육이다. 교실에서 10년이 넘도록 학생은 선생님에게 설명을 듣는다. 학원에서도 선생님의 설명을 열심히 받아 적는다. 강의실에서 교수님에게 계속 강의와 설명을 앉아서 듣는다. 세미나에서 발표를 계속해서 듣기만 한다. 교실, 강의실, 세미나장에서도 질문은 거의 없다. 질문을 하면 설명할 시간을 잡아먹고, 교사를 귀찮게 하는 학생 취급을 받는다.

사법고시, 행정고시가 그렇고, 임용고시 모두 그렇다. 대학수학능력시험이 그렇고, 중간고사, 기말고사가 그렇다. 어디서나 교사, 교수, 강사로부터 설명이나 강의를 듣는다. 그런 다음 시험이 다가오면 외운다. 시험을 본다. 그런 다음 거의 잊어버린다. 우리는 왜 잊어버릴 공부를 하는 것일까?

이제 행정고시든 사법고시든 많이 외운 사람을 선발해서는 안 된다. 법에 대한 어느 정도 기본적인 것을 분명히 알고 있어야 하지만, 법전의 모든 것을 외울 수도 없고, 외울 필요도 없다. 외우는 것은 컴퓨터나 스마트폰의 도움을 받으면 된다. 그 사람이 얼마나 정확하게 판단을 할 수 있는지, 돈이나 권력의 유혹에 넘어가지 않고 객관적으로 법을 집행할 수 있는지, 얼마나 주변 사람들과 소통하면서 리더십을 발휘할 수 있는지 등을 평가할 수 있는 시스템이 갖추어져야 한다. 모든 공부는 그런 능력을 기르는데 초점을 두어야 한다.

공부가 시험을 보기 위해 존재한다고 생각하는 사람은 거의 없을 것이다. 그러나 현실적으로는 오직 시험을 잘 보기 위해, 시험에 통과하기 위해 공부한다. 그래서 학교는 시험 준비 기관이 되어 버리고, 교사는 시험을 준비시키는 사람이 되었다. 학교가 시험 대비 기관이고, 교사가 시험을 잘 보게 해주는 사람이라고 하면 동의하겠는가? 하지만 현실은 엄연히 그렇다. 학생들이 시험을 보기 위해 공부하는 현상은 점점 더 심해지고 있다. 그래서 대학수학능력 시험이 끝나면 책을 불태워 버린다. 책은 지긋지긋해서 더 이상 싫다는 것이다. 아마도 대학입시 시험을 보고 책을 불태우는 민족은 한국밖에 없을지도 모른다.

04

조용히 해!

학교에서 선생님이 가장 많이 하는 말은 무엇일까? 학생들이 학교에 다니면서 가장 많이 듣는 말이 무엇일까? 우리나라에서는 말할 것도 없이 '조용히 해'라는 말이다. 교사가 가장 많이 쓰는 말 3종 세트가 있다. '조용히 해, 떠들지 마, 시끄러워'이다. 거기에 하나 더 붙인다면 '쉿!'이다. 그와 더불어 학생들에게 많이 쓰는 말은 '집중해!', '정신 차려!', '알았지?', '이해했냐?' 등과 같은 말이다. 우리나라 학교에서 교사가 쓰는 말은 모두 '조용히 하고 내 말을 잘 들어'를 강조하는 말들이다.

말을 한다는 것은 생각한다는 것을 전제한다. 선생님이 학생들에게 조용히 하라고 하는 순간 아이들의 생각이 멈출 수 있다. 아이들이 말을 하는 것은 지속적으로 생각을 하는 것이다. 선생님이 말을 통해 설명을 하면 학생들은 들을 수밖에 없다. 들으면서는 잘 집중이 되지 않는다. 다른 생각도 얼마든지 할 수 있다. 전혀 듣고 있지 않으면서도 듣고 있는 척할 수 있다.

아이들이 집중해서 듣는다 하더라도 들은 지식들은 그렇게 오래가지 못한다. 에빙하우스의 망각곡선에 의하면 인간의 뇌는 금방 잊는다. 들은 지식들은 머릿속에서 잘 정리되지 않는다. 하지만 자신이 말을 하면 정리해서 말할 수밖에 없다. 말을 한다는 것은 생각을 정리한다는 것이고, 이는 듣는 것보다 훨씬 기억에 오래 남는다.

예전에는 암기하는 것이 의미가 있었다. 책에 있는 내용을 일일이 찾을 수도 없기 때문이다. 머릿속에 있는 지식이 대화에 가장 중요했다. 하지만 이제 손에 들고 있는 스마트폰 하나면 암기하는 문제는 모두 해결된다. 모르거나 잘 생각이 안 나면 바로 찾아보면 되기 때문이다. 그래서 문제는 암기력이 아니라 안목과 통찰력, 창의성 등 고등 사고력이 가장 중요하게 된 것이다. 더불어 소통하고 협력하는 능력이 중요해졌다. 이런 창의력과 소통, 협력하는 능력은 대화와 토론의 교육으로만 기를 수 있는 것들이다. 학생들이 앞만 보면서 듣기만 해서는 기를 수 없는 능력이다.

05

우리나라 문화와 유대 문화의 가장 큰 차이는 무엇일까? 우리 교육과 유대 교육의 가장 큰 차이는 무엇일까? 우리 가정과 유대 가정의 가장 큰 차이는 무엇일까?

그 차이는 바로 일방이냐, 쌍방이냐다. 일방이냐, 쌍방이냐는 너무나 많은 문화적 차이를 만든다. 일방 문화는 지시, 요구, 전달, 설명 문화를 낳는다. 생각이나 결정, 판단을 모두 위에서 하고, 밑에서는 따르라는 것이 일방 문화다. 쌍방 문화는 소통, 타협, 협상, 토론, 대화 문화를 낳는다. 인간은 모두 부족하기 때문에 서로 대화하고 소통을 통해 최선의 방안을 찾아가는 문화로 연결된다.

우리나라 문화는 왕정과 일제 식민지, 군사 문화 등이 복합적으로 작용하여 일방 문화가 되어 버렸다. 정부나 관료는 지시를 하고, 백성은 따르게 한다. 상관은 지시를 하고 부하는 따른다. 어른들이 가장 많이 하는 말은 '말 잘 들어라'라는 말이다.

부모는 아이에게 '오늘 학교에 가서 선생님 말씀 잘 들어라'라고 말하면서 학교에 보낸다. 어른을 만나는 자리에서는 항상 '오늘 말 잘 들어야 한다'라고 당부한다. 어른들이 아이에 대해 가장 칭찬을 많이 하는 말은 '순하다, 얌전하다'는 말이다. 말없이 순종하는 것을 요구하고 얌전히 있는 것을 가장 큰 미덕으로 삼는다.

그런데 유대인들은 아이가 순하거나 얌전하면 가장 먼저 병원을 찾는다. 삶은 표현하는 것이고 인간관계는 표현해야 관계성을 형성할 수 있는데, 말을 하지 않으면 가장 큰 문제가 되기 때문이다. 유대인들은 아이들이 얌전하고 말이 없으면 가장 걱정을 한다.

우리의 순한 것을 강조하고 얌전히 있는 것을 중시하는 문화는 복지부동 문화로 연결된다. 부하는 시키는 일만 한다. 괜히 시키지 않은 일을 했다가 욕을 먹게 되고 책임을 지는 상황에 몰리기 때문이다.

우리는 침묵이 금이다. 말을 하지 않으면 중간이라도 간다. 모난 돌이 정을 맞는다. 괜히 나섰다가 일벌백계의 본보기로 당한다.

일방 문화가 정당성을 가지려면 위에서 내리는 판단이나 결정이 100% 완벽해야 한다. 그러나 인간은 그 누구도 완벽할 수 없다. 인간은 누구나 부족하다. 그래서 서로 의존하는 것이다. 한자 사람 인人도 두 사람이 서로 기대어 있는 모양이다. 심지어 세종대왕 같은 성군도 항상 완벽한 판단을 내릴 수 없다. 아무리 좋은 판단과 결정도 그것으로 인해 피해를 보는 쪽이 생기게 마련이기 때문이다. 그래서 대화, 소통, 협력이 필요한 것이다.

군대를 지휘하는 지휘관도 혼자 항상 옳은 판단과 결정을 내릴 수 없다. 최종적인 판단과 결정은 물론 지휘관이 내려야 하지만, 그 이전까지는 모든 정보를 듣고, 서로 소통하며, 부하의 의견도 참고해야만 한다.

우리 역사에서 최고의 왕은 단연 세종대왕이다. 세종대왕이 왜 성군이 되었는가? 성군聖君에서 聖은 귀耳는 크고 입口은 작은 왕王이다. 다른 사람의 말을 많이 듣고 말은 적게 하는 왕이란 뜻이다. 다른 사람의 말은 많이 듣고 자신은 말을 적게 하는 것이 성스러운 것이고, 성인이며 성군이다.

세종대왕이 성군이 된 것은 바로 다른 사람의 말을 최대로 많이 듣는 소통의 대가였기 때문이다. 또한 토론의 대가였다. 세종대왕이 가장 많이 한 말은 '경의 생각은 어떠시오?'란 말이다. 이 말은 유대인들이 가장 많이 쓰는 말인 '마따호세프', 즉 '네 생각은 어때?'와 동일한 말이다. 상대방의 생각을 묻는 말이다. 이 말은 또한 미국 대학에서 학생들에게 가장 많이 묻는 말인 '자네 생각은 어떤가?, 당신의 생각은 어떠신가요?'란 말과 동일한 말이다.

세종대왕이 최고의 왕이 된 이유는 바로 쌍방의 대가였기 때문이다. 세종은 심지어 노비 출신과도 소통하고 대화하고 토론했다. 왕이 짐승 취급 받는 노비 출신과 말을 섞을 이유가 무엇이 있겠는가? 그런데 세종은 노비 출신을 최고의 과학자로 만들었다. 그 사람이 장영실이다.

장영실은 기생의 아들로 태어나 관청의 노예로 살던 천민이었다. 그는 세종의 배려로 두 차례나 중국 유학을 다녀오는 것은 물론 종3품 대호군에까지 올랐다. 장영실은 자격루와 측우기, 실내 혼천시계 등을 발명했고, 중국과는 별개의 독자적인 '천문도'를 완성했다. 그의 천문 관측은 『천구의 회전에 관하여』를 쓴 코페르니쿠스보다 100여 년을 앞선다. 이도오와 야마다 등의 『과학기술사사전』은 세계 과학기술사 속에 그 성과를 객관적으로 확인할 수 있다. 그들이 작성한 연표에 따르면, 1400~1450년까지 주요 업적으로, 동아시아에서 한국이 29건, 중국이 5건, 일본이 0건이다. 반면 동아시아 이외의 전 지역이 28건으로 정리되어 있다. 세종 시대 과학기술이 15세기에 이루어진 다른 모든 나라의 성과를 능가한다는 사실을 객관적으로 확인할 수 있다.

세종은 장영실뿐만 아니라 김문이나 박연도 발탁했다. 무당의 아들이었던 김문은 간신히 과거에 급제했으나 출신 성분으로 보면 출세 길이 요원했던 인물이다. 세종은 그의 정보정리 능력을 보고 의학서 『의방유취』와 역사서 『자치통감훈의』 편찬을 맡겼다. 박연은 별 볼 일 없는 그저 그런 관료였지만, 그의 음악적 재능을 발견한 세종의 배려로 음악에 전념하게 되었고, 중국을 능가할 아악의 체계를 갖췄다는 '악성 박연'으로 거듭났다.

쌍방 문화란 것은 상대방을 대화의 상대로 인정한다는 것이고, 하나의 인격적 존재로 존중하는 것을 전제로 한다. 세종이 장영실이나 김문과 대화와 토론을 했다는 것은 노비 출신이나 무당 출신을 하나의 인격체로 존중했다는 말이다. 쌍방 문화가 살면 세종대왕의 시대가 되는 것이고, 일방 문화가 살면 독재 정권의 시대가 되는 것이다.

일방적인 교육 문화

흔히 공부 방법과 일반 사회의 문화를 잘 연결시키지 않는다. 학교 문화가 일반 사회 문화로 그대로 연결된다는 사실을 우리는 종종 놓친다. 우리는 20년 정도를 학교에서 생활한다. 어린이집, 유치원, 초등학교, 중학교, 고등학교, 대학교 등을 합하면 20년에 가깝다. 그 20년의 생활 문화가 그대로 성인이 되어 사회로 연결되는 것이지, 그 둘은 별개가 아니다.

어른들이 소통하지 않고, 지시만 하고, 복종과 순종을 바라고, 타협이나 협상을 하지 않는 문화는 학교에서 그렇게 생활하며 만들어진 것이지, 다른 이유가 아니다. 학생들은 대학 졸업할 때까지 잠 잘 때를 빼면 학교에서 가장 많은 시간을 보낸다. 고등학생은 아침 7시부터 저녁 10시까지 15시간을 학교에서 보내기도 한다. 잠자는 시간을 빼면 학교 외에서 보내는 시간은 몇 시간 되지 않는다.

학교에서는 주로 공부를 하므로 공부하는 방법의 문화가 우리 전체 문화와 아주 밀접하게 연결되어 있다는 것을 알아야 한다. 우리의 공부가 일방적인 공부다. 교사는 가르치는 존재고 학생은 배우는 존재다. 교사는 설명하는 사람이고 학생은 듣는 사람이다. 교사는 지시하는 사람이고 학생은 복종해야 할 사람이다. 배우는 내용도 이미 국가가 정해서 교과서 형태로 나와 있고, 거기에 학생의 의사는 전혀 반영되지 않는다. 수업 시간은 거의 일방통행으로 이루어진다. 학생들은 주어진 지식을 듣고 외우고 시험 보고 잊어버린다.

공부는 시험을 보기 위해서 하는 것인가? 학교는 시험을 준비시키는 공간인가? 교사는 시험을 준비시키는 사람인가? 아무도 이 질문에 그렇다고 이야기하지 않겠지만, 현실은 그렇다. 학생들은 오직 시험을 잘 보기 위해 공부한다. 교사, 학생, 학부모 모두 시험 성적에 관심이 집중되어 있다.

평가의 궁극적 목적은 현 상태를 점검하고 앞으로의 개선책을 찾기 위함이다. 역사를 배우는 목적이 역사적 지식을 많이 외워서 시험을 잘 보기 위함이 아닌 현 상태를 점검하고 앞으로 더 좋은 방안을 찾기 위함일 것이다.

우리가 시험을 통해 평가하는 지식은 대부분 암기하는 지식들이다. 좀 낫다 하는 평가도 그런 외운 지식에 바탕을 두고 유추하거나 통합하는 형태의 시험들이다. 하지만 현실에서는 외울 필요가 거의 없어졌다. 스마트폰 하나면 외운 지식들은 의미가 없기 때문이다. 설령 아무리 집중해서 외운다고 해도 그런 지식들은 에빙하우스의 망각곡선이 보여주듯이 잊혀지게 되어 있다.

일방적으로 강의하고 설명하는 교육 방법은 학생들이 나중에 커서 지시를 하거나 지시를 받는 사람으로 연결된다. 즉 일방 문화를 만드는 주체들이 되는 것이다. 그렇게 공부한 사람들이 직장에 가서 듣는 말들은 이런 것이다.

"시키는 일밖에 못한다."

"시키는 일도 제대로 못한다."

"스스로 알아서 할 줄을 모른다."

일방적인 공부 방법, 교육 방법은 일방적인 문화로 이어진다. 일방적으로 듣기만 하는 교육을 받고, 일방적으로 외워 시험을 위한 공부를 하는 학생들은 수동적이고, 피동적이고, 지시를 하거나 지시를 기다리는 사람으로 자란다. 그래서 다른 사람과 소통하기 어렵고, 다른 사람들과 어울려 협업을 통해 토론하고 대화하고 협상하기 어렵다. 혼자 공부했던 학생들은 혼자 일하는 것이 편하다. 공부 방법이 그 사회의 문화를 결정하는 것이다. 공부 방법을 바꾸는 것은 국가를 살리는 핵심 중의 핵심이다.

2장

21세기 인재형

21세기에 가장 중요한 4C | 생각하는 힘, 사고력이 문제다
즐겁게 떠들면서 공부도 할 수 있다면 | 생각과 상상을 해야 창의성이 나온다

01

21세기에 가장 중요한 4C

미국경영연합회에서^{AMA} 세계 유수한 기업들의 2000명이 넘는 관리자와 고위 경영진들을 대상으로 21세기에 가장 필요한 능력이 무엇인지 물었다. 경쟁이 갈수록 심해지는 세계경제에서 살아남고 앞으로 더 회사를 발전시키기 위해 미래의 전문 인력들이 갖추어야 할 기술과 경쟁력에 대한 설문 조사를 한 것이다. 설문 조사의 결론은 전통적인 학과 교과목이라 할 수 있는 읽기, 쓰기, 셈하기로 통칭되는 소위 3R에 정통해야 하는 것을 기본으로 꼽았다.

이런 기본적인 능력에 더하여 비판적 사고와 문제 해결^{Critical thinking and problem solving}, 소통^{Communication}, 협력^{Collaboration}, 창의성과 혁신^{Creativity and innovation} 등 소

위 4C 능력이 어느 때보다도 요구된다고 조사되었다. 즉, 지식을 수동적으로 암기하는 것이 아니라 지식을 비판적으로 사고할 수 있는 능력과 현실의 문제를 해결하는 능력이 필요하고, 다른 사람과 소통하거나 협력하여 새로운 지식을 창출하거나 적용할 수 있는 능력을 요구한 것이다. 따라서 21세기 인재 양성을 위한 교육 방향성은 일방적인 지식 전달이 아니라 사고력과 창의성, 협력 능력을 키워주는 방식으로 패러다임을 전환해야 한다는 것을 강조하고 있다.

많은 고위 경영진들은 현재 학교를 졸업하는 학생들의 4C 능력이 부족하다고 지적한다. 세계화되는 고용 시장에서 경쟁력을 갖추기 위해서는 4C 능력을 기르는 것이 필수적이라고 충고하고 있다. AMA의 설문 조사에 따르면 4C 능력은 회사 조직 내에서도 직책의 높고 낮음에 관계없이 중요하게 요구되었다. 이를 매년 실시하는 사원들에 대한 업무 능력 평가에도 직접 적용시켜 임금 인상이나 승진에 반영하기도 했다.

경영진들은 21세기에 4C 중에서도 어떤 능력을 가장 중시할까? 그들이 가장 중시하는 것은 소통 능력[80.4%]이었으며 그 다음으로 비판적 사고력[72.4%], 협력[71.2%], 창의성[57.3%] 순으로 꼽았다. 이와 같은 평가 기준은 신입사원을 채용할 때도 똑같이 적용한다. 즉 21세기에 가장 필요한 능력은 다른 사람들과 소통하는 능력이다. 효과적인 소통 능력이 부족하고 협동심이 떨어지며 비판적 사고 및 문제 해결 능력이 약하면 21세기를 살아가기 어렵다는 말이다. 학교 공부만 잘해서는 앞으로의 세상이 필요로 하는 기준에 미치지 못하게 된다. 지식의 습득 능력도 중요하지만 지식의 활용을 통하여 창의적인 아이디어를 창출할 수 있는 능력이 더 우대받는 3R과 4C를 잘 조화시킨 인재가 21세기에 필요하다.

이러한 4C 능력이 최근 들어 새삼스레 강조된 이유는 세상이 그 어느 때보다 빠른 속도로 바뀌고 복잡해지고 있기 때문이다. 더불어 전문 분야가 더욱 다양해지고 깊이가 더해 감에 따라 이제는 개인의 능력보다는 조직의 역량이 강조되는 업무의 특성으로 변화되고 있기 때문이다. 또한 오늘날 모든 업무가 더욱 분화 및 심화되고, 회사의 조직도는 다양한 전문가가 모여 함께 일을 해서 효율을 높이는 방향으로 변화되고 있어 무엇보다도 4C 능력이 중요해졌다.

4C 능력은 새로운 것을 받아들이기 쉽고 아직 자신의 일에 대한 패턴과 습관이 형성되기 전인 어린 학생 때 길러주는 것이 가장 바람직하다. 새로운 시대의 새로운 인재 양성을 위하여 지금 각 나라들은 가르치고 배우는 기술을 학생들의 4C 능력 향상에 초점을 두고, 교과과정과 교육 활동의 패러다임을 개선하는데 투자를 늘리고 있다. 빠른 속도로 디지털화되는 세상에서 이제 정보는 누구나 쉽게 얻을 수 있다. 보편화되는 정보를 창조적으로 재활용하여 새로운 기술과 산업을 이끌어 낼 수 있는 차세대 인재 양성 교육이 시급하다.

생각하는 힘, 사고력이 문제다

최근에 OECD 사이트에서 '오늘날 교육이 취해야 할 5가지 조치는 무엇인가'라는 질문을 했다. 수만 명의 답변 중에 가장 많은 답변을 얻은 것이 다음 5가지이다.

① 단편적인 지식 습득을 버리고 사고력을 키워야 한다.

② 교육의 공공성이 훼손되지 않도록 책임 있게 관리해야 한다.

③ 표준화 시험 점수를 높이기 위한 교육에서 평생 배움을 즐기며 비판적 사고력을 키울 수 있는 교육에 초점을 맞춰야 한다.

④ 모든 아이들의 잠재력을 발견하고 키워 자기실현을 할 수 있도록 도와

야 한다.

⑤ 사회경제적으로 불리한 위치에 있는 아동들과 이주민 자녀들이 동등한 교육을 받도록 해야 한다.

세계의 모든 사람들이 이제 단편적인 지식이 아닌 생각하는 힘, 즉 사고력을 키워야 한다고 말하고 있다. 성적이나 점수를 올리기 위한 교육이 아니라 공부를 즐겁게 여길 수 있도록, 비판적 사고력을 높일 수 있도록 교육해 달라고 외치고 있다.

최근 미국의 한 언론 기관www.eschoolnews.com이 '학생들이 교육으로부터 바라는 5가지'란 제목의 설문 결과를 발표했다. 그 결과는 다음과 같다.

① 실제적이고 쓸모 있는 것을 가르쳐 주기

② 학생이 선택하고 학생이 중심이 되는 수업 진행하기

③ 지루한 수업 대신 흥미롭고 재미있는 수업하기

④ 교사는 정보 전달의 역할은 그만두고 학생에게 삶의 멘토가 되어 주기

⑤ 다양한 멀티미디어 도구를 이용해 상호작용이 풍부하고 깊이 있는 수업 진행하기

세계 학생들은 지금 교육의 변화를 너무도 강하게 요구하고 있고, 이는 한국 역시 다르지 않다. 특히 최근에 일어난 세월호 사건을 통해 전 국민이 현재의 교육에 대해 의문을 품게 되었다. 학생들이 교사나 선원의 지시만 기다리다가 많이 희생된 것이다. 지시만 하고, 듣게만 하고, 스스로 생각하고 결정하고 판단하고 행동하도록 가르치지 못한 교육의 문제점이 드러난 것이다. 일방적인 교육 문화가 그들을 희생시킨 주범이다. 그 학생들의 희생을 헛되이 하지 않으

려면 교육부터 바뀌어야 한다. 더 이상 듣고 외우고 시험 보고 잊어버리는 교육에서 벗어나 학생들이 참여하고, 생각하고, 대화하고, 토론하는 교육으로 바뀌어야 한다. 그래서 지시만 기다리는 것이 아니라 학생 스스로 주체적으로 생각하고 판단하고 결정하고 행동할 수 있는 능력을 길러야 한다. 그것이 바로 생각하는 힘, 사고력이다.

우리 교육의 가장 큰 문제는 학생들로 하여금 '생각하는 것을 가장 싫어하는 사람'으로 만든다는 것이다. 시험공부는 정답만 찾는 훈련이라 정답을 찾게 되면 생각하는 것이 거추장스럽다. 정답만 알면 되기 때문이다. 심지어 고등학교에서 토론으로 수업을 진행하던 선생님은 학생에게 '저희들을 귀찮게 하지 말고 빨리 정답을 알려주세요'라는 항의를 들었다고 한다.

소통, 협력, 비판적 사고력, 창의성, 이런 4C 능력을 학교에서 길러주기 위해서는 어떻게 하는 것이 좋을까? 그 가장 좋은 방법은 학생들끼리 질문하고 대화하고 토론하고 논쟁하게 하는 것이다. 학생들끼리 대화하고 토론하면 소통 능력은 저절로 길러진다. 협력 능력 역시 저절로 육성된다. 또한 토론은 비판적 사고력을 기르는데 가장 좋은 방법이다. 토론은 다른 생각, 새로운 생각을 할 수밖에 없기 때문에 창의성과 혁신적인 아이디어 역시 자연스럽게 길러진다. 학생들끼리 짝을 지어 질문하고 대화, 토론, 논쟁하면서 공부하는 방법, 그것이 '하브루타'다.

암기식 수업이 아닌 토론 수업으로 상대방의 지식을 흡수하고, 이를 통해 창의적으로 사고하는 법을 연습하게 된다. 학원, 학교, 공부방에서 어린 시절부터 책상에만 앉아 엄청난 학습량을 공부하는 한국 학생들은 설령 하버드를 비롯한 아이비리그에 들어가도 적응하지 못한다. 다양한 경험과 활동으로 기른 창의성을 중시하는 아이비리그 대학들의 학풍에 쉽게 적응하기 어렵기 때문이다.

교사는 학생들의 질문과 대화, 토론, 논쟁하는 수업에서 그들의 대화와 토론을 도와주는 사람이다. 그래서 교사는 촉진자로서의 역할을 하게 된다. 학교 수업에서 핵심은 교사와 학생들과의 관계다. 학생들을 변화시키기 위해서는 교사가 먼저 변해야 한다. 교사가 변하면 학생들은 저절로 변하다. 아이들과 눈을 마주해야 아이들이 보인다.

03

즐겁게 떠들면서 공부도 할 수 있다면

학생들이 학교가 즐거우려면 친구들과 노는 곳으로 만들면 된다. 학교가 그야말로 사교의 장이 되어야 한다. 친구를 사귀고 친구와 노는 공간이 되어야 한다. 그렇다고 학교에서 놀게만 한다고 해서 학생들이 좋아하는 것은 아니다. 공부를 노는 듯이 하면 되는 것이다. 공부를 노는 듯이 하는 방법이 학생끼리 떠들면서 공부하게 하는 방법이다.

학생들은 쉬는 시간만 되면 시끄러워진다. 수다를 떠는 것이 재미있기 때문이다. 그러면 학생 입장에서 가장 재미있는 공부는 수다를 떨면서 공부까지 되는 것이다. 사람은 재미있어야 능동적으로 오랫동안 할 수 있다. 공부는 평생

해야 하는 것이다. 공부를 평생 할 수 있으려면 공부를 즐거운 것으로 만들어야 한다. 사람이 가장 즐거운 것 중 하나가 수다를 떠는 것이다. 수다를 떨면서도 공부를 할 수 있다면 가장 좋은 공부일 것이다.

최근에 기업의 인사 담당자들을 대상으로 한 설문 조사 결과 78.9%가 잘 노는 인재를 선호한다고 밝혔다. 잘 노는 인재는 좋은 대인관계를 가지고 있고, 업무에 적극적이며, 다양한 아이디어를 낼 수 있고, 리더십을 가지고 있다고 생각하기 때문이다. 현대사회가 요구하는 팀워크 능력이나 창의적인 문제 해결 능력, 리더십은 어쩌면 모두 놀이를 통해 얻을 수 있는 효과들이다.

미국의 인벤션랜드라는 발명 회사이자 디자인 회사는 오후 3시가 되면 사이렌이 울린다. 사이렌이 울리면 사람들은 하던 일을 멈추고 다들 총격전을 시작한다. 직원들은 제비뽑기를 해서 한 명을 선정한 다음, 그 사람을 다 같이 공격하고 돌아다니면서 또 다른 사람을 공격하면서 논다. 그야말로 총싸움 놀이인 것이다. 그렇게 10분 정도 치열한 전투가 끝나면 다들 아무 일도 없었다는 듯이 업무에 복귀한다. 게임을 하거나 농담을 한 후는 일에 더 집중이 잘되고 무엇보다 재미있기 때문에 능률이나 생산성이 높아진다는 것이다.

미국의 구글이나 월트디즈니, 픽사, 페이스북 등 세계적인 기업에서는 푹신한 소파에 앉아 느긋하게 게임을 즐기거나 잡지를 보고 운동기구로 운동을 하면서 땀을 흘리며 놀듯이 업무를 한다. 이렇게 일터인지 놀이터인지 구별이 되지 않는 자유로운 분위기는 그들에게 '창의성'을 불어넣어 주는 원동력이 된다.

전 세계 어디를 가든 이들 기업의 사무실은 '놀이터'를 연상시키는 것으로 유명하다. 이들 기업은 자유로운 분위기 속에서 일의 능률을 높이고 자신의 관심 분야에 좀 더 몰입할 수 있는 근무 환경을 만들었다. 또 여가 시간을 업무 시간과 공유하며 그 속에서 자연스럽게 아이디어를 얻을 수 있도록 한 것이다. 마치 이것은 '진짜 놀이'를 즐기는 아이들의 환경과 유사하다. 그 결과 이들 기업들은 굴지의 글로벌 기업으로 성장했고, 전 세계 직장인들이 꿈꾸는 직장이 되었다. 이렇게 굴지의 기업들이 놀이터와 비슷한 환경을 조성하는 것은 21세기가 무엇보다 창의성을 요구하기 때문이다. 누구나 생각할 수 있고 누구나 만들어 낼 수 있는 결과물이 아닌, 좀 더 독창적이고 기발한 결과물을 만들기 위해서 놀이를 선택한 것이다.

놀이를 할 때는 졌다고 좌절하는 사람이 없다. 대부분 실패를 인정하고 또 다시 즐겁게 게임을 시작한다. 스스로 선택해 즐기고 있는 놀이이기 때문에 가능한 것이다. 놀이 안에서는 틀려도 되고 틀리지 않아도 되고 성공해도 되고 실패해도 상관이 없다. 이런 긍정적인 경험들을 통해 새로운 일에 도전하는 것에 대한 두려움을 없앨 수 있고 뭔가 새롭고 독창적인 아이디어를 낼 수 있다. 이런 모든 과정은 창의성을 키우는 과정이자 훈련인 셈이다.

04

생각과 상상을 해야 창의성이 나온다

창의성을 키우는 것은 아이의 마음을 성장시키는 가장 확실한 방법이다. 창의성이란 무엇인가를 스스로 만드는 능력이다. 다른 사람이 만든 것을 베끼는 것이 아닌, 자기 생각과 활동을 통해서 스스로 만드는 능력이다. 창의성의 바탕은 다양한 생각을 조합해 내는 능력에 있다.

우리 뇌에서 생각을 조합할 때 지능을 구성하고 있는 하위 요소들의 결합이 일어난다. 주의력, 공간 지능, 수리 지능, 언어 능력 등 다양한 하위 영역을 넘나들면서 통합적인 개념, 원리, 법칙 등이 만들어진다. 이런 과정에서 놀라우리만큼 많은 뇌 부위들이 활성화된다.

창의성을 발휘한다는 것은 뇌의 모든 부분이 활성화되어 특정 과제와 목표에 집중하는 과정을 말한다. 이때 활성화되는 뇌 부위들은 서로 간에 다양한 신경망을 만든다. 그리고 이것을 활성화할수록 신경망이 더 넓어지고 그 연결망 또한 더욱 효율적으로 변한다.

창의성을 발휘하는 조건은 다음과 같다.

첫째, 생각의 주제가 필요하다. 생각의 주제 속에는 목표와 의미가 있다.

둘째, 동기가 필요하다. 실천적 행동을 통해 얻을 수 있는 것이 있어야 동기가 발휘된다.

셋째, 재미가 있어야 한다. 억지로 머리를 짜내는 것이 아니라 생각을 하면서 즐길 수 있어야 한다.

한계를 뛰어넘는 창조의 힘은 상상력에서 나온다. 상상의 기쁨을 아는 아이가 행복한 아이다. 이런 아이는 스스로를 울타리 안에 묶어두지 않는다. 아이들은 본능적으로 한계라는 말을 모르며 어른들이 이야기하는 현실의 한계에 안주하지 않는다.

똑같은 수학 문제를 100번 풀면 지루함과 지겨움이 각인되어 생각하기도 싫어진다. 그래서 수학이라는 말만 들어도 진저리가 쳐진다. 하지만 수학의 원리를 깨우치도록 가르치면 그것을 알아가는 과정에서 얻은 흥분과 즐거움으로 더 많은 수학적 원리에 관심을 갖게 되는 것과 같은 이치이다. 창조적 경험은 성장 과정에서 필요한 에너지원인 자아 성취감을 맛보게 해준다. 이는 아이의 자아 존중감을 높인다.

뇌는 현실과 상상을 구분하지 못한다. 실제의 훈련과 상상의 훈련 모두 그 훈련과 연결된 뇌의 신경망에 기질적인 변화를 가져온다. 뇌 지도가 변화하였다는 것은 시냅스의 효율이 증가하거나 신경망의 시냅스 수가 늘었다는 것을 의미한다. 좀 더 자세히 설명하면 단기적인 변화는 시냅스나 뉴런의 수적인 증가 없이 시냅스 정보 전달 효율성만 증가한 것을 의미하며 장기적 변화는 실제로 뉴런과 시냅스 수가 증가한 것을 의미한다.

아이가 새로운 언어를 학습하는 능력, 운동 기능을 배우는 능력, 예술적으로 창조하는 능력 등이 어른에 비해 뛰어나다는 것은 잘 알려진 사실이다. 이보다 더 큰 차이를 보여주는 것이 상상력의 차이다. 아이의 상상력은 무한하다. 아이의 상상력에 비해 어른의 상상력은 빈약하다. 아이는 끝없는 상상을 통해 즐거운 놀이를 생산하고, 미래를 설계하며 현실의 어려움을 극복해 나간다. 그러니 아이의 상상력을 인지능력의 중요한 부분으로 인정하지 않으면 안 된다.

지금은 일반화된 비행기, 자동차, 핸드폰, 로봇 등 모두 예전에는 상상 속에서 존재하던 것들이다. 상상할 수 있어야 현실이 된다. 아이들이 상상력을 발휘할 때는 오감이 모두 동원된다. 아이들의 상상력의 산물에는 모양과 색깔이 있고, 소리를 내며, 특유의 향을 내며, 특별한 맛을 내고, 부드럽거나 딱딱하다는 등 오감이 모두 동원된다. 그래서 아주 구체적이고 현실감이 있다.

상상력은 뇌 지도를 변화시키며 학습 능력을 향상시킬 수 있다. 상상은 단순히 헛된 것이라는 편견을 버릴 때 상상력은 창의성으로 연결될 수 있다. 먼저 복식호흡을 통해 긴장을 해소하고 이완된 편안한 상태로 만든다. 그런 다음 눈을 지그시 감고 대뇌 속으로 여행을 떠난다고 말한다. 그러면 아이는 상상의 세계로 들어갈 준비가 될 것이다. 학습에 어려움을 겪는 아이에게는 숙제나 공부에 방해되는 부정적인 생각을 씻어내는 상상을 하게 한다. 이를 위해 상상 속의 하얀 비누거품으로 나쁜 생각의 먼지와 때를 깨끗하게 닦아내는 상상을 유도한다. 그리고 자신의 공부 능력이 크게 향상되었다고 상상하게 한다. 그리고 공부를 잘해서, 또는 숙제를 끝내서 기분 좋은 상황을 미리 상상하게 한다. 상상을 통해 공부에 도움을 주는 마법사를 불러올 수도 있다. 국어 마법사, 수학 마법사 등을 불러다가 자신을 돕도록 상상할 수도 있다.

상상을 통해 슬픔이나 분노, 억울함 등의 감정을 씻어내는 훈련도 할 수 있다. 눈을 감고 상상을 통해 자신의 마음을 들여다보면서 마음속에 있는 감정을 구체화하고 그 감정이 정확하게 무엇인지 인지하게 하며, 그 감정을 다스리려면 어떻게 해야 하는지 생각하게 한다. 이런 감정 표현 연습은 아이의 정서와 언어 발달뿐만 아니라 자신감을 갖게 하는 데에 많은 도움을 준다.

최근에는 다양한 정신 건강 문제를 상상력이라는 아이의 내적 자원을 통해 치료하고자 하는 시도가 늘어나고 있다. 아이는 어른보다 적극적으로 상상력을 발휘하여 자신을 치유하려고 한다. 그것은 무의식적으로 일어나는 과정이다.

아이들의 뇌에는 살아 있는 상상력의 원천이 있다. 아이들은 뇌 전체를 활용하여 상상을 한다. 아이의 상상의 세계에는 오감이 모두 동원되고 과거의 기억, 현재의 경험 미래에 대한 소망이 모두 살아 있다. 그러므로 아이의 상상력은 뇌의 총체적 활동이다.

유대인들은 시험만을 위해 공부하지 않는다. 그들에게 공부는 신의 명령이다. 평생 동안 죽기 직전까지 해야 하는 것이다. 공부가 곧 삶인 것이다. 유대인들은 공부를 오래전부터 지적 능력을 개발하고 창조적인 인간으로 성장하며 세상을 보는 안목을 높이고 생각하는 힘을 키우기 위해 해왔다.

3장

최고의 지능, 최고의 공부시간

모든 조건에 앞서는데 우리는 왜? | 왜 한국인은 머리가 좋은가?
손·발·입과 호문쿨루스 | 왜 젓가락은 머리를 좋게 하는가?
맨발의 위력이 가져오는 기적의 유치원

01

한국과 이스라엘은 여러 가지 측면에서 닮아 있다. 나라와 민족이 수많은 고난과 박해와 침략을 받은 것이 그렇고, 지정학적으로 열강의 틈바구니 속에 있는 것도 그렇다. 자녀 교육에 열심인 것도 그렇고, 단기간에 기적적인 경제 성장을 보인 것도 그렇다. 두 나라 모두 국방비와 교육비에 가장 많은 돈을 쏟아붓는다. 더구나 독립을 선포하고 정부를 세운 것이 1948년으로 동일하다.

유대인과 한국인은 비슷한 점이 많으면서도 크게 다르다. 나라로 보면 한국은 지능이 세계에서 가장 높은 나라다.

세계에서 학생들이 가장 공부를 오랫동안 하는 나라는 어디일까? 묻고 따질 것도 없이 한국이다. 학생들이 공부하는 시간으로도 단연 세계 최고다. 하루 20시간 가까이를 공부하는 고등학교 3학년을 비롯하여 고등학생들은 하루 평균 15시간 내외로 공부할 것이고, 중학생 역시 10시간 정도를 공부한다. OECD의 조사에 의하면 15세 학생들의 경우 한국 학생들은 8시간 55분을 공부하고, 핀란드 학생들은 4시간 22분을 공부한다. 우리가 핀란드 학생들보다 2배 이상 공부하고 매일 4시간 30분이 넘게 더 공부한다. 그럼에도 불구하고 PISA 성적은 핀란드가 앞선다. 2009년 수학의 경우 핀란드가 1등이고, 우리가 2등이다. 학생들이 사교육을 받는 시간 역시 우리나라가 세계에서 가장 길다. 우리는 하루 평균 3시간 정도 사교육에 투자하고 핀란드는 세계에서 가장 낮다. 우리는 왜 이렇게 오랫동안 공부하고도 성과에서 뒤질까?

세계에서 노동시간이 가장 긴 나라도 우리나라다. 노력 측면에서 우리만큼 열심히 하는 나라는 없다. 공부 시간도 최고고, 일하는 시간도 최고다.

세계에서 교육열이 가장 높은 나라는 어디일까? 유대인의 교육열도 유명하고 중국 부모들의 교육열도 대단하다. 자녀들의 교육에 극성스러운 유대인 어머니를 빗댄 'Jewish Mom'이 숙어가 되었을 정도이고, 중국 부모들의 교육열을 빗댄 용어로 'Tiger Mom'이 있다. 하지만 유대인에게는 구조적으로 '기러기 아빠'가 있을 수 없다. 무엇보다 가족을 중시하기 때문이다. 한국에서 한의사를 하다가 이스라엘에 가서 히브리대학교에서 의학을 공부하는 류모세 선교사를 예루살렘의 한복판에서 인터뷰한 적이 있다. 이스라엘에서 10년 정도 지낸 그는 양국을 비교하며 "유대인은 교육열이고, 한국은 교육 광풍"이라고 말했다.

한국의 부모들은 자녀들을 위해 모든 것을 희생한다. 그것의 대표적인 것이 기러기 아빠로 통칭되는 현상이다. 이것은 자녀들의 성공을 위해 가정을 희생하는 것이다. 가족의 희생을 바탕으로 공부하는 자녀가 부담을 가질 수밖에 없고, 부담을 가지고 공부에 집중하기도 어렵다. 오랫동안 떨어져 산 아내와 남편이 다시 결합해서 살아가는 것도 쉽지 않고, 자녀들과 아버지의 관계성도 깊어지기 어렵다.

오바마 대통령이 우리나라 교육을 칭찬한 경우가 몇 번 있었는데 오바마 대통령이 칭찬한 우리의 교육은 교육 시스템이나 교육 정책, 교육 방법 같은 것이 아니다. 그는 부모의 교육열을 칭찬한 것이다. 자녀의 교육에 목숨을 걸다시피 하는 교육열을 말이다. 더불어 그가 칭찬한 것 2가지가 있다. 그것은 교사의 높은 수준과 IT에 기반을 둔 교육 인프라다.

세계에서 교사 수준이 가장 높은 나라가 어디일까? 최근에 우리나라 사람들이 교사를 존중하는 의식이 많이 낮아졌지만, 한국의 교사 수준을 넘어서는 경우는 세계에 없다. 우리나라에서 가장 들어가기 어려운 대학 중 하나가 초등교사들을 길러내는 교육대학교이다. 사범대학교는 교육대학교보다는 들어가기 쉽지만 대신 임용고시 통과하기가 하늘에 별 따기다. 우리나라 최고 수준의 학생들이 입학해서 다시 임용고시를 통과해서 교사가 된다. 중등 임용고시는 교사자격증을 가지고 있는 사람들만을 대상으로 함에도 100대 1이 넘는 경우도 있다.

간혹 핀란드가 교사 수준이 높은 나라라고 이야기한다. 그것은 교사 조건 중에 석사 이상만을 대상으로 하기 때문이다. 하지만 대학 입학 수준이나 IQ 수준으로 본다면 우리나라를 따라오기 어렵다. 그러나 안타까운 것은 최고의 인재를 교사로 선발해 놓고 이들을 '지식 전달의 기계'로 만드는 교육 시스템이다. 이 우수한 교사들에게 동기만 제대로 심어주면 정말 신이 나서 근무할 것이다. 교사들에게 천장 보고 진도 나가게 하지 말고, 밤늦게까지 자율학습 감독이나 하게 하지 말고, 삶의 의미를 느끼는 교사가 되도록 한다면 정말 신명을 다해 교육에 임할 것이다. 단순히 지식을 전달하는 역할이 아니라 학생들에게 사고력과 창의력을 심어주는 교육을 하게 한다면 신바람이 나서 열정을 다해 수업할 것이다.

한반도의 넓이는 22만 제곱킬로미터다. 이스라엘은 한반도의 11분의 1에 불과한 2만 제곱킬로미터다. 유대인의 인구는 이스라엘에 600만 명 정도, 미국에 700만 명 정도, 나머지 200만 명이 세계에 흩어져 있어서 1500만 명 정도다. 하지만 한국인은 남한만 5000만 명이고, 북한 2500만 명, 800만 명 정도가 세계에 흩어져 있어서 8300만 명에 가깝다. 우리는 세계 인구의 1.2% 정도이고, 유대인은 세계 인구의 0.2% 정도다. 우리가 6배 가까이 많은 것이다.

나라 넓이로는 이스라엘보다 한반도로 하면 11배, 남한으로 하면 5배가량 넓고, 지능지수도 평균 12나 높고, 교육열도 높으며, 공부 시간도 그들보다 많다.

그런데 왜 우리는 최고의 지능과 최고의 노력, 그리고 최고의 교육열을 가지고서도 유대인을 따라잡지 못할까? 하버드 대학 재학생 중에서 유대인은 30% 정도를 차지하지만, 한국과 중국, 일본계 학생을 모두 모아도 5% 미만이다. 하버드 대학에 재학 중인 한국계 학생은 250~300명 수준으로 1%에도 미치지 못한다. 또 그렇게 어렵게 들어간 아이비리그 대학에서 한국계 학생은 중도 탈락률이 44%에 이르지만 유대인은 12%에 불과하다. 〈포춘〉이 선정한 500대 기업의 중간 간부 중 유대인은 41.5%를 차지하지만, 한국인은 고작 0.3%에 불과하다.

가정을 중심으로 대화와 토론을 많이 하는 유대인 교육이 비효율적이고, 한국처럼 학교와 학원에서 밤늦게까지 공부하는 것이 효율적이라면 인구 비례로 보아도 한국인이 유대인보다 좋은 대학에 더 많이 가야 하고, 사회적으로도 더 많이 성공해야 한다. 그런데 현실은 전혀 그렇지 못하다. 과연 어디서부터 잘못된 것일까?

유대인들은 세계 0.2% 인구를 가지고, 노벨상 30% 정도를 가져가는데, 우리는 유대인의 6배의 인구를 가지고 노벨 평화상 단 1명이 있을 뿐이다. 평화상은 공부나 교육을 통해 받은 것이 아니므로 우리나라는 공부나 교육을 통해 노벨상을 단 1명도 배출하지 못한 것이 된다. 세계적으로 유명한 사람을 비교해도 유대인은 그 어떤 분야라도 10명, 20명을 쉽게 댈 수 있는데, 우리는 단 한 사람 대기도 어렵다. 한국 사람으로 세계적인 심리학자, 경제학자, 사회학자, 철학자, 물리학자, 화학자, 수학자 단 한 명씩이라도 말해보자. 그 어떤 분야도 쉽게 떠오르지 않을 것이다. 이것이 세계 최고의 지능과 세계 최고의 교육열과 최고 수준의 교사를 가지고 이룬 결과물이다.

책상 앞에 앉아 있는 시간과 학습량은 결코 비례하지 않는다. 중요한 것은 양이 아니라 질이다. 단순히 오랫동안 책상 앞에 앉아 있는 것은 오히려 가장 나쁜 공부 방법이다. 뇌가 싫어하기 때문이다. 자극이 단조로우면 뇌는 소위 알파파의 뇌파를 만든다. 이것은 집중력을 떨어뜨리고 뇌를 잠들게 한다. 같은 것이 반복되면 시냅스 연결이 점점 약해지다가 어느 순간 자극에 둔감해진다. 단조로운 반복이 계속되면 시냅스 조합이 약해져 공부한 지식들이 곧 사라져 버린다. 여기서 한국의 교육 방법이 매우 비효율적임을 알 수 있다. 새벽에 집을 나가 학교와 학원에서 밤늦게까지 공부하게 되면 집에서 부모와 대화를 나눌 시간이 없다. 즉 가족 사이에 사랑의 관계를 형성할 시간이 없다. 기러기 아빠나 조기 이민, 조기 유학, 그리고 자녀를 학원에 보내기 위해 파출부를 하는 것 등 모든 것이 가족들의 희생과 가정의 파괴를 전제로 한 공부이다. 설령 자녀가 아이비리그에 들어가고 사회적 성공을 거둔다 하더라도 이미 가족들 간의 관계는 깨어지고 가정이 파괴되었다면 무슨 의미가 있을까?

이처럼 우리나라 국민들은 유대인에 비해 지능이 높다. 그리고 체험 학습도 많이 한다. 유대인보다 훨씬 많은 시간을 공부한다. 조기교육도 우리가 빨리 시작하고 숫자든 문자든 먼저 가르친다. 교육하는 양도 우리가 많다. 그런데 그 결과는 우리가 유대인에 뒤진다. 그러면 도대체 어디서 잘못되고 어디에서 차이가 있는 것인가?

물론 우리의 교육에 장점이 많이 있다. 정답과 해결책을 가장 빨리 찾아내는 탁월한 능력을 가졌다. 그런데 중요한 것은 그런 장점을 살리되 유대인 교육에서 배울 점을 받아들여 보완한다면 세계 최고의 효율적인 교육을 할 수 있다는 점이다.

필자가 유대인 교육을 연구하면서 한국인의 교육과 비교되는 점을 생각나는 대로 표로 정리한 내용이다.

한국인 교육과 유대인 교육의 비교	
한국인 교육	**유대인 교육**
듣는 교육	묻는 교육
외우는 교육	생각하는 교육
양의 교육	질의 교육
하나의 정답 중심	다양한 해답 중심
단답형, 단편적 지식	문제 해결 능력, 사고력
성공 우선	가정 우선
출세 지향	행복한 성공
애착에 소홀	안정된 애착
정체성, 가치관 소홀	분명한 정체성
개인 출세, 자아실현	티쿤 올람 세상을 더 아름답게
성적	실력
지식	지혜
시험 합격	생활 실천
암기	이해와 적용
선행 학습	적기교육
조기 학습	조기교육
문자, 숫자 등 인지 우선	애착과 관계 우선
삶과 유리	삶과 직결
연역적, 교훈 중심	구체적, 귀납적
교과서적 지식	실제 삶의 지식
강의와 전달	토론과 논쟁

스펙	내공
외적 동기	내적 동기
타율	자율
권유, 지시	격려, 자극
끌고 가는 교육	밀어주는 교육
혼자 책상에 앉아서 공부	친구와 토론하면서 함께 공부
조용한 도서관	시끄러운 도서관

왜 한국인은 머리가 좋은가?

세계에서 가장 IQ가 높은 나라는 어디일까? 2002년 핀란드 헬싱키 대학이 세계 185개 나라 국민들의 IQ를 검사한 결과, 홍콩이 1위로 평균 IQ 107을 기록했다. 우리나라가 평균 106으로 2위, 일본과 북한이 105로 공동 3위, 대만이 104로 5위다.

홍콩을 1위로, 우리를 2위로 표시했지만, 홍콩은 최근에 그 지배권이 영국에서 중국으로 넘어간 도시이므로 국가를 기준으로 본다면 우리나라가 세계 1위라고 할 수 있다. 홍콩은 또 중국에서 뛰어난 사람들이 주로 사업하기 위해 모이는 곳이고 인구가 많지 않으므로 IQ 평균이 높게 나올 수 있다. 중국은 평균 100으로 13위를 차지했다. 리처드 린은 그의 저서 『지능의 인종적 차이』에서 나라로서는 한국인이 지능이 가장 높다고 했다.

또 영국 얼스터 대학의 심리학 교수 리처드 린과 핀란드 헬싱키 대학의 타투 반하넨의 연구팀이 국민 평균 IQ와 국민소득 간의 상관관계를 조사한 결과, 국민의 지능과 국내총생산GDP 간에 분명한 상관관계가 있는 것으로 확인되었다. 한국을 비롯해 일본, 대만, 중국, 홍콩, 싱가포르 등 태평양 연안 국가 국민들의 평균 IQ가 105 정도로 가장 높게 나왔으며, 그것이 이 지역의 경제적 번영을 가져온 중요한 원인이 되었다는 것이다. 이 연구 보고서에 따르면, 경제 성장의 속도가 그보다 늦은 유럽 여러 나라와 미국, 캐나다, 오스트레일리아, 뉴질랜드 등의 국민 평균 IQ가 100선이고, 경제 부진을 면치 못하는 남아시아, 북아프리카 및 대부분의 라틴아메리카 국민들의 평균 IQ는 85선, 사하라 사막 이남의 아프리카 지역과 카리브 해 국가 국민들의 IQ는 70선에 머물렀다.

우리는 유대인들이 머리가 좋다고 알고 있지만 객관적인 IQ 지표는 그렇지 않다. 이스라엘은 평균 IQ가 94로 세계 45위이며, 이는 동아시아의 주요 나라들은 물론 유럽과 미국 등에도 뒤지는 것이다. 이 같은 결과는 유대인들이 선천적으로 머리가 좋아서 노벨상을 많이 받고 세계적인 두각을 나타낸다고 보기 어렵다는 결론에 도달하게 한다. 다시 말해 유대인들의 지능은 선천적으로 태어나는 것이 아니라 후천적으로 만들어지는 것이다.

『규칙』의 저자 앤드류 서터도 유대인의 두뇌 노동 능력의 탁월함은 유전자적인 요인만으로는 설명할 수 없다고 하였다. 유대인의 교육을 가만히 들여다보면 머리가 좋게 태어났다기보다 머리가 좋아지도록 키워진다는 것을 알 수 있다.

　유대인들은 아이들이 머리를 쓰지 않고는 견딜 수 없게 모든 시스템을 가동시킨다. 아주 어릴 때부터 유대인답게 사는 것은 몸보다 머리를 써서 사는 것이라고 가르친다. 하지만 머리를 쓰게 한다고 여러 가지 책을 보고 많은 양의 수학 문제를 풀도록 하는 것이 아니다. 그 대신 아이가 어디에 관심과 흥미가 있는지, 어떤 특별한 창의성이 있는지, 어떤 잠재력을 품고 있는지를 주의 깊게 관찰해서 그쪽을 개발하기 위해 꾸준히 대화한다. 아이들이 가능한 한 많은 것을 직접 느끼게 하고 생각하게 만들어 열린 사고 구조를 가지게 한다. 가능한 한 모든 주제에 대해 대화하고 토론한다.

03

손·발·입과 호문쿨루스

지능지수가 높은 나라들을 보면 홍콩, 한국, 일본, 북한, 대만 등 1위에서 5위까지가 모두 동북아시아에 몰려 있음을 알 수 있다. 왜 동북아시아 사람들이 머리가 좋을까? 그 해답은 펜필드의 호문쿨루스에서 찾을 수 있다.

호문쿨루스는 라틴어로 '작은 사람'을 뜻하며, 중세 시대에는 '요정'을 뜻하는 단어였다. 1940~1950년대 캐나다의 뛰어난 신경외과 의사였던 펜필드는 살아 있는 사람의 뇌를 연구하여 호문쿨루스의 과학적 이론이 되는 토대를 발견하였다. 바로 인간의 대뇌와 신체 각 부분 간의 연관성을 밝힌 지도를 알아낸 것이다. 대뇌피질이 위치별로 받아들이는 신체 감각이 다른데, 이를 연구하여 나타낸 지도가 '호문쿨루스'이다.

대뇌의 피질에는 고통을 느끼는 통각 수용기가 없다. 그래서 펜필드는 국소 마취를 통해 머리를 열어 뇌를 관찰할 수 있었다. 대뇌피질에는 많은 신경세포가 분포하며, 기능적으로 주로 감각을 인지하는 감각 영역과 운동 영역, 이 두 영역을 연결해 주는 연합 영역이 있다. 호문쿨루스는 이들 감각 영역과 운동 영역에서 신체 각 부분의 기능을 담당하는 범위가 어느 정도의 비율을 차지하는지를 나타낸 것이다.

연구 결과, 운동 피질은 손가락과 입, 입술, 혀, 눈을 담당하는 부분의 피질이 넓고, 감각 피질은 손과 혀, 발 등을 담당하는 피질이 넓은 것을 확인했다. 이 대뇌피질의 비율을 참고로 하여 인체의 모습을 입체적으로 구성하였는데, 이를 '펜필드의 호문쿨루스'라고 부른다. 각 신체 부분을 담당하는 뇌 부위의 크기에 따라 그려 낸 모형이기 때문에 원래의 인간 모습과는 굉장히 다르다. 호문쿨루스는 손과 입, 발 부분이 가장 크다. 이를 통해 손에는 운동신경 정보와 감각신경 정보를 전달하는 신경세포가 다른 기관에 비해 더 많이 분포되어 있다고 볼 수 있다. 즉 손을 많이 사용하면 뇌가 자극되고 개발된다는 의미다.

손은 14개의 손가락뼈와 5개의 손바닥뼈 그리고 8개의 손목뼈 등 27개의 뼈로 이루어져 있다. 양쪽 손의 뼈를 합하면 54개로, 인체 전체의 뼈 206개 중 4분의 1을 차지하는 양이다. 발에 그 다음으로 뼈가 많다. 한쪽 발에 뼈가 26개가 있으므로 총 52개가 발에 있는 것으로 이 역시 25%를 차지한다. 손과 발의 무게는 많아야 3kg 정도이므로 몸의 5%에 불과한 곳에 뼈가 50% 이상이 있는 것이다. 손과 발 다음으로 뼈가 많은 부분은 입 주변이다. 치아 28개에 사랑니까지 합하면 32개이다. 즉 손, 발, 입에 있는 뼈만 몸 전체의 3분의 2 정도를 차지하는 것이다.

뼈가 많다는 것은 그것을 움직이기 위한 관절과 근육이 발달되어 있다는 것이고, 이는 모든 신경이 모여 있다는 뜻이다. 우리 몸 중에서 뇌에서 나온 신경들이 집중되어 있는 곳은 손과 발, 그리고 입 주변이다. 손에 많은 신경들이 모여 있기 때문에 수지침이 가능하다. 발에 신경들이 많이 모여 있기 때문에 피곤하면 발 마사지부터 받는다. 우리 표정의 대부분이 입 주변에서 나오고, 맛을 느끼고 말을 하기 위해 많은 신경들이 입 주변에 모여 있다. 즉 손과 발, 입을 쓴다는 것은 곧 뇌를 쓴다는 말이다. 그래서 박수를 치고, 웃는 것, 걷는 것 등이 몸에 좋은 것이다. 손과 발, 입을 움직이는 것은 뇌를 좋게 할 뿐만 아니라 건강을 좋게 하고 장수하게 하며 치매를 예방한다.

한국뇌학회 회장인 서울대 의대 서유헌 교수는 뇌에서 가장 넓은 면적을 차지하는 것이 손을 관할하는 부위라고 말한다. 손은 뇌에서 30% 정도를 차지한다. 따라서 아이의 손 사용은 손의 기능과 기술을 발달시키고 그것은 곧 뇌를 발달시킨다.

손 운동을 통해 신경세포에 자극을 주면 신경세포들 사이에 새로운 시냅스 회로가 생기고 회로가 점차 두꺼워져 뇌 기능을 향상시키거나 남아 있는 기능을 유지할 수 있다. 한 가지 주의할 점은 반복적이고 의미 없는 손 움직임은 큰 도움이 되지 않는다는 것이다. 즉 악기를 배우는 등 익숙하지 않은 손놀림으로 새로운 것을 배울 때 뇌가 많이 자극되므로 매일 익숙한 손놀림만 하지 말고 손을 많이 사용하는 새로운 일에 도전하라는 것이다.

미국 캘리포니아 대학 신경생리학자 프랭크 윌슨 교수는 손의 사용이 어떻게 인간의 뇌, 언어, 나아가 문화를 만들었는지를 연구했다. 그는 손의 기능 발달이 뇌의 발달을 이끌었고 이 과정에서 언어를 처리하는 부분이 뇌에서 생겨 났을 것이라고 주장했다. 인간의 정교한 손놀림이 인류가 다른 동물에 비해 탁월한 두뇌 발달을 가져오는 원동력이 되었다는 것이다. 그에 의하면 인간의 지식은 사고에 의해서가 아니라 손을 통한 외부 세계의 지각과 감성을 통해 만들어졌다고 한다. 손으로 집어 들고, 찌르고, 쥐어짜고, 만져 보고, 구별하여 분류하고, 밀치면서 터득한 손의 감각이 뇌에 정교한 신경망을 만들어 간다는 것이다.

손을 많이 사용하는 것은 어린이뿐 아니라 어른에게도 뇌를 발달시키는 아주 좋은 방법이다. 성인은 손으로 그림을 그리면서 자신이 알고 있는 다른 모습들과 연관시켜 기억을 한다. 성인은 아이들보다 자신이 경험한 내용을 능수능란하게 구사할 줄 알기 때문에 손을 사용했을 때 성인이 아이들보다 뇌가 더욱 활발하게 움직이게 된다. 그래서 영어 단어를 외울 때 그냥 눈으로 외우는 것보다는 손으로 직접 쓰면서 외우는 것이 효과적이다. 더불어 소리를 내어 읽으면서 외우면 더 잘 외워진다. 실제로 대뇌의 운동중추에서 입이 차지하는 면적은 손 다음으로 크기 때문이다.

04

왜 젓가락은 머리를 좋게 하는가?

동북아시아가 왜 공통적으로 IQ가 높은가? 그 이유는 손의 사용과 깊은 관련이 있다. 동북아시아는 모두 젓가락을 쓰는 공통된 문화를 가지고 있다. 젓가락을 사용하면 손가락 관절 하나하나를 모두 포함하여 30여 개의 관절과 60여 개의 근육을 움직일 수 있게 된다. 이러한 움직임들은 신경을 타고 대뇌를 자극하여 뇌세포를 발달시킨다. 아이들이 어려서부터 매일 3번씩 식사하면서 젓가락을 사용하기 때문에 뇌가 지속적으로 자극을 받게 된다. 그래서 우리나라를 비롯하여 일본, 북한, 대만, 홍콩 등의 지능지수가 높은 것이다.

그럼 왜 우리나라가 이 중에서도 최고일까? 그것은 젓가락의 재료가 다르기 때문이다. 다른 나라는 모두 나무이지만, 우리나라는 쇠젓가락을 사용한다. 쇠젓가락은 나무보다 훨씬 다루기가 어렵고 그만큼 손의 근육과 관절을 많이 사용하게 한다. 손과 입이 우리 뇌에 가장 많은 영향을 미치는데, 우리나라는 어려서부터 젓가락질을 해서 지능이 높다.

하지만 우리나라는 나이가 들수록 입을 다물게 만든다. 유대인은 질문과 토론을 통한 하브루타 교육, 즉 입을 여는 교육을 한다. 그들은 손을 사용하지 않아 지능은 낮지만, 입을 활발하게 사용하여 뇌를 개발한다. 우리나라도 질문하고 토론하는 교육으로 바꾸면 유대인보다 더 두각을 나타낼 수 있다. 왜냐하면 우리는 입만 쓰는 유대인에 비해 손까지 사용하기 때문이다.

뇌는 손을 움직이는 데 신경세포의 30%를 쓴다. 돌고래는 사람처럼 손과 손가락이 없기 때문에 뇌가 뛰어나지만 인간처럼 발달하지 못한다. 뇌는 일단 완성되었다고 해서 그대로 불변하는 것이 아니라 들어오는 정보에 따라 역동적으로 변화하는 기관이기 때문이다.

한 연구 결과에 의하면 손가락 하나만 움직여도 뇌의 혈류량이 30%나 증가한다고 한다. 인체 각 부위의 기능을 관장하는 뇌를 지도처럼 쫙 펼쳐 놓아도 대뇌에 있는 운동중추 면적의 30%가 손의 움직임과 관련되어 있다.

1개의 신경세포가 다른 1만 개의 신경세포와 연결되어 있기 때문에 손 운동과 관련한 신경세포는 지적 활동과 정서 활동 등 다른 종류의 뇌 활동에도 크게 영향을 미친다. 어린아이에게 곤지곤지나 쥠쥠과 같은 손 놀이를 시키고 조금 커서는 종이 찢기나 연필 잡고 낙서하기, 색칠 공부, 분유통 뚜껑 열기, 종이 접기 등 일상생활에서 자연스럽게 손을 많이 움직이게 하면 뇌가 발달하게 된다.

아이가 편안하기만 하면 뇌 발달에 결코 좋은 영향을 미칠 수 없다. 직접 걷게 하는 것이 보행기나 유모차보다 훨씬 뇌 발달에 좋다. 보행기를 사용한 아이와 사용하지 않은 아이를 비교 연구한 결과에 따르면 보행기를 사용한 아이보다 사용하지 않은 아이가 훨씬 기어가기, 혼자 서기, 혼자 걷기 등에서 빠른 발달을 보였다.

EBS〈교육이 미래다—두뇌 전쟁의 비밀, 손〉에서 집중력과 관련하여 흥미로운 실험을 했다. 초등학교 저학년 아이들에게 나무젓가락과 쇠젓가락, 포크를 사용하여 한쪽에 놓여 있는 강낭콩을 다른 접시로 옮기게 하고 이때 일어난 뇌파의 변화를 측정한 것이다. 실험 결과 정서와 기억력을 담당하는 우측 측두엽의 변화가 관찰되었는데, 포크를 사용했을 때에 비해 쇠젓가락을 사용하였을 때 뇌가 30% 이상 더 활성화되었으며, 나무젓가락을 사용한 경우는 포크를 사용한 것에 비해 20% 이상 더 활성화된 것을 알 수 있었다. 또 다른 실험으로, 콩을 젓가락으로 집어서 옮기는 활동을 30분가량 하고 나서 시험을 봤더니 성적이 많이 향상되었다. 젓가락질은 그만큼 뇌를 자극하고 집중력을 높여 주는 것이다.

충남의 어느 초등학교에서는 올바른 젓가락질로 콩을 일정한 시간 안에 최대한 많이 옮기는 것으로 시험을 본다. 왜 한국인이면 누구나 다 하는 젓가락질을 가르칠까? 그런데 사실 아이들의 80%, 어른의 60%가 젓가락을 올바로 사용하지 못한다.

EBS에 의하면 젓가락질 솜씨로 생명공학에서 22억짜리 연구를 10억에 마칠 수 있었다고 한다. 외국은 정밀한 작업을 기계에 의존하지만 우리나라는 손으로 하기 때문이다. 우리는 무언가를 설명할 때 무의식적으로 손을 활발하게 움직인다. 그런데 말을 잘하던 아이들도 손을 못 움직이게 하면 말의 속도가 느려지거나 더듬거리고, 심한 경우 아무 말도 못하기도 한다. 손의 움직임이 뇌를 자극하면서 기억력을 돕기 때문이다. 손을 움직이면서 말을 하면 좌뇌와 우뇌를 모두 활용할 수 있다.

피아노 치는 아이들과 치지 않는 아이들이 그림 퍼즐 맞추기를 하면, 피아노 치는 그룹이 50% 더 빨리 맞춘다. 피아노 치기는 열 손가락을 사용하여 뇌를 자극하기 때문이다. 경기도의 어느 초등학교는 뜨개질, 십자수, 종이접기, 글씨 쓰기 등을 가르치는데 이것 역시 아이들의 뇌 발달을 촉진하려는 의도이다. 바느질도 집중력을 높인다. 별것 아닌 것 같지만 이 같은 활동들이 아이들의 집중력과 기억력을 높이고, 성격을 꼼꼼하고 차분하게 만들 수 있다.

젓가락질을 하려면 손가락의 관절과 근육을 움직여야 한다. 하지만 아이들은 일정 연령이 되기까지 무언가를 쥘 때도 손바닥과 손가락 전체를 사용하고 완전한 젓가락질을 하지 못한다. 아직 손과 뇌를 연결하는 뇌신경 세포가 긴밀하게 연결되지 않았기 때문이다.

보통 작은 근육이 발달되고 의사소통을 할 수 있는 18개월 이후부터 젓가락질을 배울 수 있다고 한다. 대체로 24개월을 전후로 젓가락질을 교육시키는 것이 좋으며, 유아기에 젓가락질을 완전히 연습시켜 습관화해야 뇌 발달에 유익하다.

젓가락질은 단순한 듯하지만 그 동작 하나하나에 뇌가 깨어난다. 이런 중요성을 일찌감치 알아차린 이웃 나라 일본에서는 수십 년 전부터 국가 차원에서 젓가락의 날을 제정하여 젓가락 사용을 교육하고 중요성을 알리고 있다.

아기들은 쥠쥠, 곤지곤지 등의 손 놀이를 즐긴다. 또 물건을 붙잡고 그 물건을 입으로 가져가고, 딸랑이를 잡고 흔들면서 소리를 즐긴다. 엄마의 젖을 만지고 머리카락을 만지면서 촉각을 발달시킨다. 나아가 음식을 먹기 위해 수저를 잡고, 옷을 입고 벗고 신발을 신으면서 손의 기능과 기술을 익혀 나간다.

선진국일수록 유아교육에서는 놀이와 체험을 강조하고, 숲 유치원이 뜨고 있고, 예술교육이 강조된다. 이 세 가지의 특징은 모두 손, 발, 입과 관련되어 있다. 놀이와 체험은 걸어 다니면서 손으로 하게 되어 있다. 자연스럽게 친구들과 이야기를 나누게 된다. 숲 유치원 역시 마찬가지다. 예술교육으로 대표적인 것이 미술과 음악이 있는데, 미술은 100% 손으로 하는 것이다. 어렸을 때 미술은 언어가 자유롭지 못한 아이에게 강력한 자기표현 수단을 제공한다. 손으로 낙서 같은 그림을 많이 그릴수록 뇌가 발달하고 소근육, 눈과 뇌, 손의 협응력이 높아진다.

그리고 음악은 손과 입으로 주로 하는 것이다. 아기의 성대나 운동 능력은 노래하거나 악기를 연주할 준비가 되어 있지 않다. 4세 무렵이 되어야 피아노를 칠 수 있는 손재주가 생긴다. 여러 연구에 따르면 4~5세 때 피아노 레슨을 받은 아이가 악기 훈련을 받지 않은 아이보다 시공간적 과제에서 훨씬 더 높은 수행력을 보인다고 한다. 이 능력은 상당 기간 동안 지속되며, 악기를 연주하면 좌측 전두엽에서 수학과 논리를 담당하는 영역이 자극된다는 사실이 뇌 영상을 통해 확인되었다.

반도체와 정보 통신 분야는 정밀한 손작업이 필요한 것으로 유명한데 이 분야 역시 우리나라가 전 세계에서 두각을 나타내고 있는 분야이며, 세계 1위의 조선 산업 또한 한 치의 오차도 없는 용접 기술을 자랑한다. 어떤 조사에 의하면 한국하면 가장 먼저 떠오르는 단어가 '김치'나 '불고기', '한류', 'K-POP' 같은 말이 아니라 '기술'이라고 한다. 어느 사이에 한국하면 가장 먼저 기술이란 단어가 떠오르게 된 것이다. 우리나라는 '세계기능올림픽'에서 18년째 1등을 차지하고 있다. 너무 자주 1등을 하니 뉴스에서도 접하기 어렵다. 우리가 잘하는 운동 경기, 즉 골프, 사격, 양궁, 야구, 핸드볼 등은 모두 손을 많이 사용하는 것들이다.

아이의 뇌를 발달시키려면 일상생활 중에 손을 많이 사용하도록 해야 한다. '손은 제2의 뇌'라고 하는데 특히 손을 많이 사용하는 놀이를 하도록 돕는 것이 좋다.

스킨십을 많이 하는 것도 중요하다. 피부는 뇌와 많은 신경회로로 연결되어 있어 아주 약한 자극도 뇌에 전달한다. 따라서 피부 감각을 발달시키는 것이 두뇌 발달과 직결된다.

마찬가지로 오감을 자극하는 것도 좋은 교육 방법이다. 아이가 직접 음식의 냄새를 맡고, 맛을 보고, 감촉을 느끼는 등 오감을 골고루 자극시키면 두뇌 발달에 좋다. 평소에 쓰는 손 움직임만으로는 뇌에 새로운 자극을 줄 수 없다. 가능하면 악기를 연주하는 등 평소에는 사용하지 않는 방법으로 손을 쓰는 것이 좋다.

맨발의 위력이 가져오는
기적의 유치원

발 역시 매우 중요하다. 발을 사용하면 자극이 등줄기를 통해 뇌에 전달되어 뇌가 활발하게 움직이도록 도와준다. 걷지 않고 발을 편하게만 놔두면 뇌의 말단신경이 자극되지 않아 뇌 기능이 계속 쇠퇴하고 노화된다. 걸을 때는 뒤꿈치 대신 발끝에 체중을 실어서 걸어야 효과가 있다. 집 안에서는 되도록 맨발로 생활하는 것이 좋다. 슬리퍼나 양말을 신고 있을 때보다 발바닥에 훨씬 더 많은 자극을 주기 때문이다.

일본에는 어른들도 달리기 어려운 마라톤을 5세 아이들이 완주하는 유치원이 있다. 3776m의 후지산을 걸어서 올라가는 것이다. '기적의 유치원'으로 알려진 일본의 세이시 유치원은 매년 마라톤에 출전해서 42.195km 풀코스를 완주한다.

5세 아이들이 마라톤을 완주하고 후지산을 걸어서 올라가는 비결에 맨발이 있다. 이 유치원 아이들은 매일 3km 정도를 즐겁게, 천천히 모두 웃통을 벗은 채 맨발로 달린다.

세이시 유치원생들은 등원하면 자동적으로 운동장과 유치원 주위를 돈다. 한 바퀴 돌면 300m 정도인데 매일 10바퀴씩 달린다. 3세 아이들은 한 번에 300m 이상 달리게 하지 않는다. 쉬운 목표를 정해 어린아이가 천천히 달리도록 유도한다. 장난치며 놀기도 하고 쉬기도 하면서 달린다. 날마다 달리는 코스를 조금씩 달리해서 미로 찾기 놀이를 하듯 달리기도 하고, 미끄럼틀을 올라갔다 내려오기도 한다. 이렇게 꾸준히 2~3년 정도 하면 마라톤 풀코스를 완주할 체력이 된다. 그런데 유치원생이 달릴 때 70세가 넘은 원장이 항상 앞장서서 달린다. 중요한 것은 억지로 달리게 하지 않는다는 것이다. 힘들면 쉬기도 하고 아주 천천히 달려도 된다. 하지만 다른 아이들이 함께 하기 때문에 달리지 않는 아이는 드물다.

이 아이들은 겨울에도 달린다. 겨울에는 반팔 셔츠 차림에 운동화를 신고 달리는 것만 다르다. 맨발로 달리는 세이시 유치원 아이들은 달릴 때 뇌가 자극되고 유산소운동을 하면서 혈액순환이 원활하게 이루어져 뇌가 좋아지고 암기력도 향상된다. '운동'과 '암기력'은 서로 관련되어 있다. 아이의 머리를 좋게 하려면 유산소운동을 열심히 해야 한다. 유아기에 달리기와 같은 유산소운동을 하면 주입식의 암기가 아니라 스스로 암기력이 커진다. 이 유치원에는 유치원

건물보다 더 큰 운동장이 있고, 수영장까지 있다. 실제로 세이시 유치원 아이들은 3시간이나 걸리는 6막의 긴 연극 대사를 암기해 낼 만큼 뛰어난 암기 능력을 발휘한다고 한다.

세이시 유치원 아이들은 마라톤만 하는 것이 아니라 매년 20회 정도 등산을 하며 3년 동안 60개의 산을 오른다. 5세가 되면 오사카 주변 해발 1000m의 산들을 모두 정복하고 마지막엔 해발 3776m 후지산을 오른다. 우리는 한라산 오르는 유치원생들도 보기 힘들지만 한라산보다 2배가 높고 험한 후지산을 5세 아이가 오를 수 있는 것은 그냥 되는 것이 아니다. 1년이면 20번가량 주변의 가까운 산부터 지속적으로 산행을 한 아이들이기에 가능하다. 우리는 어린아이들을 무작정 해줘야 하는 대상으로 생각하지만, 아이들은 스스로 얼마든지 해낼 수 있고, 스스로 하는 것을 훨씬 즐거워한다.

아이들은 등산과 마라톤을 하면서 주변 사람들에게서 칭찬과 격려를 많이 받는다. 그러는 동안 자신감이 쌓이고 의욕적인 아이로 성장한다. 아이들은 도전과 성취에서 얻는 자신감도 높지만, 자신을 자랑스러워하는 경험을 쌓아가기 때문에 자존감이 높아지게 된다. 어려운 일을 만나도 쉽게 좌절하지 않고 스스로 극복해 가는 것이다.

이 유치원은 마라톤과 등산 외에도 특별한 활동이 많이 있다. 아이들은 정기적으로 진흙 구덩이에서 온몸으로 흙놀이를 한다. 모래놀이도 빠지지 않는다. 또 1년 내내 물놀이를 시킨다. 실제 아이들은 흙과 물만 있으면 하루 종일이라도 놀 수 있는데, 세이시 유치원 아이들이 이를 증명하고 있다. 이 유치원에는 장난감이 없고 아이들은 찌그러진 냄비, 그릇, 나무 조각, 폐품 같은 것들을 가지고 논다. 그것이 아이들이 창조적 사고를 할 수 있게 만드는 밑거름이 된다.

호문쿨루스의 관점에서 보면 어려서부터 젓가락을 사용하는 한국인은 손을 많이 사용하기 때문에 지능지수가 높다고 할 수 있다. 손을 어려서부터 많이 사용하여 지능지수가 높지만, 자유롭게 말하고 토론하는 문화가 아니기 때문에 고등학교를 기점으로 유대인에게 현격하게 뒤처지게 된다. 우리나라 아이들은 중·고등학교 때 국제 올림피아드에 나가서 1, 2등을 차지하고 국제성취도평가에서도 좋은 성적을 거두지만, 이후부터 두각을 나타내지 못한다. 세계에서 우수하다고 평가받은 그 많은 아이들이 왜 시간이 지날수록 평범해지는 걸까?

반면에 유대인은 손을 많이 사용하지 않아 지능지수가 우리보다 낮지만 가정에서든 학교에서든 질문하고 대화하고 토론하는 것이 일상화되어 입을 많이 사용한다. 그런데 고등학생 때까지 거의 두각을 나타내지 않던 유대인들이 어느 순간 아이비리그 대학에 들어가고 노벨상을 수상한다. 그 비밀이 바로 하브루타다.

4장

뇌 과학과 공부

생각을 해야 뇌가 연결된다 | 뇌에 가장 나쁜 적은 스트레스이다
선행 학습은 얼마나 효율적인가? | '열심히'에 숨어 있는 함정
텍스트의 의미 파악에서 공부는 시작된다 | 요약해서 설명하는 것이 공부 효과를 높인다

01

생각을 해야 뇌가 연결된다

공부는 뇌가 하는 것이다. 뇌를 모르고서 교육이든, 학습이든, 공부든 논할 수 없다. 뇌에는 1000억 개의 뉴런이 있다. 이러 뉴런들을 서로 연결하는 작업을 시냅스가 한다. 하나의 뉴런은 1만여 개에 이르는 수상돌기 가지를 뻗을 수 있다. 뇌 안에서는 1000억 개의 만승 정도의 시냅스를 만들 수 있다는 뜻이다. 이것은 1000억을 만 번 곱하는 것이다. 뇌의 네트워크가 얼마나 긴밀하고 정밀하고 복잡한지 알 수 있다. 이런 뇌의 네트워크로 우리는 공부한다.

이렇게 상상도 못할 만큼 많은 시냅스 연결 덕분에 뇌는 감각기관에서 끊임없이 들어오는 온갖 정보를 처리할 수 있다. 수십 년에 걸쳐 기억과 얼굴과

장소를 저장하며 언어를 학습하고 누구도 생각지 못한 독특한 방식으로 정보를 조합할 수 있다.

　신생아의 뉴런은 성숙한 상태가 아니다. 신생아의 축색돌기 중에는 미엘린으로 충분히 감싸지 않은 것이 많으며 뉴런들끼리 거의 연결되어 있지도 않다. 따라서 대뇌피질 영역은 대부분 활동 없이 조용하다. 가장 왕성하게 활동하는 것은 생체 기능을 조절하는 뇌간과 움직임을 담당하는 소뇌이다. 태어나면서 급격하게 뇌의 연결망은 늘어나게 된다. 뇌의 무게를 3~4배로 늘릴 정도로 연결망이 촘촘해진다.

　아이가 사춘기에 이르면 뉴런이 연결되는 속도는 점차 느려지며 대신 다른 2가지 과정이 시작된다. 뇌가 기존에 형성한 뉴런 연결을 강화할 것인지 아니면 잘라내 버릴 것인지를 경험을 토대로 선택한다. 유용하다고 여겨지는 연결은 고착되고 유용하지 않은 연결은 제거되는 과정이 이루어지는 것이다. 이러한 과정은 일생 동안 계속되지만, 4~13세 사이에 가장 왕성하게 일어난다. 그러므로 어린 시절에 겪는 경험들은 이미 뇌 속에서 독특한 신경 구조를 형성하기 때문에 이후 학교나 직장 등 다른 곳에서 겪게 될 일을 대처하는 방식에도 영향을 미치게 된다. 이런 뇌 속의 연결망에 우리의 기억이나 지식이 저장된다.

　인간의 뇌에 대한 연구 업적 중 교육자들에게 가장 중요한 것은 뇌의 신경가소성이다. 신경가소성이란 지식이나 경험이 쌓이면 새로운 신경이 성장하고 새로운 신경 연결망이 더해짐으로써 변화하는 인간 뇌의 능력을 일컫는다. 이는 실제로 공부를 하는 사람이 얻고자 하는 지식을 얻는다는 사실을 뒷받침한다. 뇌가 능동적으로 주의를 기울이는 정보가 바로 새로운 신경 발생의 열쇠이다. 예를 들어 이미 능숙해져 있는 기술에는 거의 주의를 기울이지 않기 때문에 우리를 더 똑똑하게 만들지 못한다. 그러나 처음으로 경제학 과목을 듣거나 새로운 것에 도전하면 인지적인 부담이 되어 뇌의 처리 속도를 높이고 시냅스를 강화하여 기능적 연결망을 확장하거나 새로 만들어 낼 가능성이 높다.

02

뇌에 가장 나쁜 적은
스트레스이다

뇌 발달에 가장 나쁜 것은 늘 같은 상황을 반복적으로 경험하는 것이다. 동일한 의견과 방법을 요구하는 무조건 외우기가 가장 대표적인 예이다. 이것은 뇌 발달에 가장 악영향을 미치는 요인의 하나라고 할 수 있다. 인간의 뇌는 믿을 수 없을 만큼 유연하다. 뇌는 자극에 반응해서 배우고 적응할 수 있으며 무엇이든지 필요한 기술을 개선하고 세련되게 만들 수 있다. 뇌는 새로운 자극을 원하고 반복되는 것을 싫어하므로 교육은 새로움과 다름을 추구해야 한다.

새로운 것에 대한 무한한 호기심이 아이들의 뇌를 크게 자극한다. 따라서 자유로운 분위기와 탐구심, 탐험심과 같은 위축 없는 지적 자극이 뇌 발달에는 가장 중요한 보약이 된다. "하지 마라", "안 된다", "왜 했느냐?"와 같은 말은 아이들의 탐구심, 새로운 것을 배우고 싶은 동기를 떨어뜨리고 뇌 발달에 지장을 초래하여 지능지수나 인지능력을 떨어지게 한다.

신체가 어떤 외부의 대상에 의해 위험에 처하면 두뇌 세포는 전달 조직에 긴급하게 신호를 보낸다. 그러면 연락을 받은 시상하부는 심장을 자극하여 혈압을 상승시키고 호흡 횟수를 늘리고, 혈액에 여러 가지 분비물을 증가시키도록 한다. 이 모든 것은 당면한 위험으로부터 우리가 벗어나거나 우리 자신을 방어할 수 있는 힘을 제공한다. 정말로 위험한 일이 있을 때 이 메커니즘은 훌륭한 기능을 발휘하여 위험으로부터 벗어나게 한다.

위험이 지나간 다음 신체는 정상 상태로 되돌아올 것이다. 그러나 우리가 계속 불안감을 누적시키거나 지나친 근심으로 내부의 갈등에 의해 긴장과 스트레스를 가져오는 불안과 공포가 계속된다면, 이때도 신체 내부에서는 똑같은 반응이 일어난다. 세포는 위험 신호를 보내고 시상하부는 심장을 자극하고 혈압은 상승되고 내분비선은 혈액 속에 물질을 분비한다. 그러나 쫓아낼 외부의 적이 없기 때문에 내면에 불안감과 두려움, 공포, 분노는 내재된다.

적은 실제로 우리 사고방식 안에 있다. 이것이 계속 그치지 않고 지속된다면 두뇌 세포 내의 배터리는 고갈되어 혈액의 화학작용이 변하며 힘의 균형이 흐트러지고 두뇌가 혼란 상태에 빠지는 등의 일이 반복된다. 그때는 정상적인 메시지가 신경조직을 통해 전달되지 못한다. 따라서 귀중한 에너지가 낭비되어 우리의 마음은 지치고, 몸의 면역 체계가 떨어져 나쁜 바이러스나 세균 등에 의해 쉽게 병에 걸리게 된다. 이런 것의 모든 근원이 스트레스인 것이다.

래드터드 대학의 뇌 연구자인 칼 프리브햄과 캘리포니아 하트매스 연구소의 드보라 로즈먼은 부모의 행동이 아기의 뇌 발달에 끼치는 영향을 연구했다. 그들이 밝혀낸 바에 의하면, 사랑과 관심 같은 긍정적인 감정들이 아이의 심장박동에 일관된 전기 패턴을 만들어 내고, 스트레스나 분노 등 부정적인 감정들이 심장박동에 불규칙적이고 일관되지 않은 전기적 패턴을 만든다는 것이다. 이런 심장박동은 성장하고 있는 뇌의 편도체 쪽으로 피드백한다. 그리고 이 편도체 부분에서는 전두엽 및 연결되어 있는 뇌의 다른 부분에 느껴지는 감정들을 깊이 새긴다는 것이다.

어린아이가 무슨 스트레스를 받느냐고 생각하는 부모들이 있다. 하지만 그렇지 않다. 아이들은 공부, 성적, 친구 관계, 이성 문제 등 수많은 스트레스에 노출되어 있다. 그런데 이런 스트레스는 앞에서 살펴본 것처럼 뇌에 직접적인 영향을 미치고 뇌 기능 자체를 파괴한다. 뇌는 스트레스를 받으면 심장을 더 빠르게 뛰게 하고 말초혈관을 수축시켜서 혈압을 높인다. 그 스트레스는 어린아이일수록 타격이 크다. 스트레스를 받으면 뇌 중에 특히 해마가 위축된다. 해마는 기억력과 관련된 부분으로 스트레스가 증가하면 기억력이 감퇴할 가능성이 크다는 것을 의미한다. 특히 어린아이가 스트레스를 받으면 언어와 사회성 발달이 늦어지면서 모든 발달이 지연되거나 장애를 가져올 수 있다. 또한 감정을 조절하는 뇌 부분이 기억력과 연결되어 있다. 그래서 마음이 편해야 공부를 할 수 있는 것이다. 화가 나고 슬프고 분노에 차 있는 상태에서 공부를 하려 한다고 해서 공부가 되겠는가? 어린아이에게 감당하기 힘든 학습 자극을 주면 감정을 조절하는 뇌가 스트레스를 받아 인지와 관련된 뇌 부분이 위축된다. 그래서 성격이 나빠지고 그 나쁜 성격을 통해 지속적인 복수가 이어진다.

어린아이의 경우 가장 큰 스트레스는 부모와의 애착 관계가 원만하게 형성되지 않는 것이다. 또 한 가지는 뇌 발달에 맞지 않게 부과되는 모든 공부이다. 뇌의 발달에 맞지 않는 영어 공부, 수학 공부, 한글 공부 등이 아이에게는 매우 큰 스트레스로 작용한다. 똑똑하게 키우고 공부 잘하게 하기 위한 것들이 오히려 아이를 바보로 만들고, 정신장애까지 일으키는 요소가 된다.

03

아이의 발달과 관련하여 교육에 접근하는 방법은 3가지가 있을 수 있다. 하나는 발달에 앞서 미리 선행 학습을 시키는 것이다. 두 번째는 발달에 맞게 적기에 교육하는 것이다. 그리고 세 번째는 자연스럽게 저절로 발달하도록 내버려 두는 것이다. 이 3가지 관점에 대해 각기 지지하는 학자들이 있다. 세 번째를 지지하는 학자가 없을 것을 여기는 경우도 많지만 그렇지 않다. 무위자연론이나 노장사상, 루소, 서머 힐의 닐 등이 이 관점을 지지한다. 아이에게 서서 걷는 연습을 시키지 않아도 서서 걸을 수 있고, 배변 연습을 시키지 않아도 언젠가는 가리므로 그냥 자연적인 발달에 맡기자는 생각이다. 하지만 우리나라 현실에서 세 번째 입장은 매우 비현실적이다. 예를 들어 투철한 교육관을 가지고 초등학교에 들어가는 아이에게 한글을 전혀 가르치지 않고 입학시켰다고 생각해 보자. 다른 아이는 모두 글을 읽고 이름 정도는 쓸 수 있는데, 내 아이만 한글을 읽지 못한다면, 아이가 받을 상처는 매우 클 수밖에 없다. 심각한 열등감과 부정적 자아상으로 최소 어느 정도 기간 동안은 힘든 시간을 보낼 수밖에 없다.

우리나라 학부모들은 90%가 넘게 첫 번째 접근 방법인 발달에 앞서 미리 교육하는 것을 택한다. 선행 학습은 뇌의 발달을 철저하게 무시하는 것이다. 다음에 살펴볼 결정적 시기를 고려하지 않아서 뇌가 스트레스를 받게 되고, 여러 가지 장애를 일으킨다. 국가에서 교육과정을 만들고 교과서를 만들 때는 우리나라의 내로라하는 각 분야의 전문가 수백 명이 모여 연구하고 작업한다. 이렇게 뇌의 발달과 학생들의 심리, 배워야 하는 교육 내용들을 전문가들이 모두 고려하여 만든 것이 교육과정이고 교과서이다. 각 교과서는 해당 학년에 딱 맞추어져 만들어진다. 중학교 1학년 교과서는 중1 학생들에 맞추어 만들어진다. 그러므로 중1 학생들이 배워야 하는 내용을 초등학교 5학년 학생이 배우기 위해서는 뇌에 심각한 무리를 감수해야 한다. 마음도 힘들고 몸도 힘들고 뇌도 힘들다. 그래서 마음과 몸과 뇌가 지치는 것이다.

선행 학습을 한 아이들은 학교에서 하는 공부가 재미없다. 이미 배운 내용이므로 수업 시간에 집중하려 해도 집중이 되지 않는다. 그래서 그 시간에 다른 공부를 하거나 졸거나 다른 생각을 하게 된다. 하지만 아이들은 하루 중 많은 시간을 학교에서 보낸다. 그런데 학교에서는 다른 생각을 하고, 학원이나 과외를 통해서는 선행 학습을 하는 것이 얼마나 효과가 있겠는가?

한 가지 분명한 것이 있다. 예습과 복습 중 어느 것이 효율적인가? 효과와 효율은 약간 차이가 있다. 효과는 결과만 따지는 것이고, 효율은 경제성까지 따지는 것이다. 예습과 복습 중에 어떤 것이 더 시간이 절약되고, 쉽게 접근이 가능하며 기억하기 쉬운가? 말할 것도 없이 그것은 복습이다. 같은 내용을 공부할 때 이미 교사와 공부한 내용을 다시 한 번 공부하는 것과 처음 접하는 새로운 내용을 공부하는 것은 시간과 노력 등에 엄청난 차이가 있다. 예습은 하루나 비교적 짧은 시간 전에 미리 공부하는 것이다. 그래서 교사의 설명을 들으면서 더 이해를 높이려는 것이다.

하지만 우리나라에서 일반적으로 이루어지는 것은 예습이 아니다. 1~2년 앞서는 선행 학습이다. 우리는 복습보다 비효율적인 예습을 넘어서서 선행 학습에 무리하게 매달린다. 얼마나 비효율적이고 낭비인가? 시간은 시간대로 오래 걸리고, 돈은 돈대로 엄청나게 들고, 아이의 에너지는 무한대로 들어가는 비효율적인 일이 주위에 너무나 일반화되어 있다. 선행 학습 하는 돈 3분의 1만 제때 하는 교육, 복습하는 교육으로 돌리면 더 좋은 결과를 가져올 수 있다.

그래서 우리가 취해야 하는 것이 적기 교육의 관점이다. 즉 제때에 뇌의 발달과 결정적 시기에 맞추어 가르치는 것이다. 예를 들어 아이가 서서 걷는 발달 단계가 있고, 배변을 가릴 수 있는 시기가 있다. 또한 아이가 한글을 배우고 싶어 하는 때가 있다. 그 발달 시기를 알고 그에 맞추어 서서히 접근해 들어간다면 아이는 스트레스를 받아 부정적 정서를 쌓는 것이 아니라, 호기심과 배우고자 하는 의욕을 충족시켜 주기 때문에 긍정적 정서를 무의식에 쌓게 되고, 그것은 성격이 되어 자신감과 긍정적 자아상을 가지는 아이가 된다.

04

아이들이 어른들로부터 가장 많이 듣는 말은 '열심히 공부하라'는 말일 것이다. 세배를 받는 할아버지도, 처음 만난 어머니 친구도, 학교 선생님도, 엘리베이터에서 만난 이웃집 아저씨도 이 말을 학생들에게 한다.

'열심히'라는 말에 대해 살펴보자. 부모나 교사들이 자녀나 학생들에게 가장 강조하는 것은 '열심히 하라'는 것이다. 우리나라 가정에서 가장 많은 가훈이 '최선을 다하자' 또는 '열심히 살자'와 비슷한 유형일 것이다. 공부 역시 열심히만 하면 된다고 생각한다. 공부를 잘하기 위해서는 그저 열심히, 정신을 집중해서 오랫동안 공부해야 한다고 믿는다. 열심히만 하면 되는데 열심히 하지 않아 공부를 못한다고 생각하는 것은 아주 단편적인 생각이다.

열심히 하는 것의 전제 조건이 필요하다. 그 첫째는 방향이 옳아야 한다. 방향이 옳지 않은데 열심히 하는 경우 열심히 하면 할수록 그 피해가 커진다. 예를 들어 어떤 사람이 열심히 하자는 것을 좌우명으로 삼고 아주 열심히 도둑질을 한다고 생각해 보자. 또 남을 속이기 위해 열심히 책을 보며 연구하는 사람도 생각할 수 있다. 지도자 중에 가장 좋지 않은 유형은 무식하면서 열심히 하는 사람이다. 즉 방향이 잘못되었는데 소신을 가지고 열심히 하는 경우이다. 이런 경우 지도자가 열심히 하면 할수록 구성원들이 힘들어지고 그 피해가 커진다. 아이가 열심히 공부하는 것이 게임 잘하는 방법, 야동을 효과적으로 다운 받는 방법, 도둑질하는 방법, 사기 치는 방법과 같은 것이라면 그 아이가 열심히 하면 할수록 문제는 심각해진다.

열심히 하는 것의 또 하나의 전제 조건은 방법이 옳아야 한다는 것이다. 개헤엄을 하루에 10시간씩 1개월 동안 연습한 사람과 수영하는 방법을 제대로 하루에 2시간씩 1개월 동안 한 사람이 1개월 후에 겨루면 누가 이기겠는가? 수영을 배우지 않고 개헤엄을 치는 사람이 아무리 열심히 개헤엄을 친다고 해도 수영을 정식으로 배우는 사람을 따라잡을 수 없다. 몇 년 동안 혼자서 바둑을 아무리 열심히 두고 열심히 공부한 사람도, 정확하게 가르치는 바둑 고수에게 1년 배운 사람을 결코 이길 수 없다. 공부도 마찬가지이다. 정확하고 바른 방법을 알지 못하면 아무리 열심히 해도 좋은 성과를 거둘 수 없다. 오랫동안 책상에 앉아 있고 열심히 책을 외우며 공부한 사람이 성적이 좋지 않은 경우는 의외로 많다.

　세 번째 열심히 하는 것의 조건은 효율적이어야 한다는 점이다. 무조건 많은 시간을 투자하고, 온 힘을 기울여 열심히 하는 것보다 짧은 시간에 정확한 방법으로 적은 힘을 기울이고서도 좋은 효과를 낼 수 있다면, 우리는 후자를 택해야 한다. 효율적으로 열심히 하기 위해서는 일에 대해 그냥 무턱대고 접근하지 말고 생각하면서 체계적으로, 창의적으로, 또 다양한 방법을 고민하면서 접근해야 한다. 이런 고민과 탐색 속에 발전이 가능하다.

텍스트의 의미 파악에서 공부는 시작된다

운전면허 필기시험을 한 번 생각해 보자. 평소에 책을 자주 접하는 직업을 가진 사람들은 '운전면허예상문제집'을 가지고 오래 공부하지 않는다. 길어야 1주일이고, 짧으면 시험 보러 가기 직전에 1시간 정도 쭉 문제들을 훑어본다. 그리고서도 운전면허 필기시험에 단번에 합격한다. 필자도 시험 보기 직전에 잠깐 문제집을 살펴보고 가서 시험을 치렀다. 시험이 끝나고 감독관이 내 이름을 부르더니 박수를 치라는 것이다. 함께 본 사람들 중에서 최고점을 받았다는 것이다.

점수가 높은 것은 지능지수가 높아서가 아니다. 문제를 보는 안목이 있고, 문제의 의미를 읽어내는 눈이 있기 때문이다. 실제로 운전면허 필기시험에 10번 이상 떨어지는 사람들도 말로 문제를 설명하면서 출제하면 다 알아맞힌다. 텍스트를 읽고 그 의미를 파악하는 힘이 문제인 것이다.

그러므로 학생들이 공부를 잘한다는 것의 가장 중요한 점은 텍스트를 읽고 그 의미를 파악하는 힘이다. 문제를 읽고 문제를 낸 의도를 파악하고, 그 문제가 묻는 핵심을 짚어내는 능력을 갖춘다는 것이다.

바우어라인은 복잡한 텍스트의 의미를 제대로 읽어내기 위해서는 다음과 같은 3가지 기술이 필요하다고 하였다. 그런데 이런 기술들은 인터넷과 스마트폰에 중독된 학생들이 개발하기에는 어렵다는 것이 문제이다.

첫째, 텍스트 겉으로 드러난 의미와 더불어 그에 내포된 뜻을 파악해야 하므로 이후에 전개될 내용을 차분하게 예측하는 시간을 가질 필요가 있다. 그런데 채팅형 문자 메시지로는 보통 단순한 내용을 빠르게 주고받으므로 학생들은 천천히 따지고 숙고하기보다 텍스트를 대충 훑어보는 습관을 들이게 된다.

둘째, 필요한 정보를 작업 기억 속에 유지하면서 생각의 흐름을 유지할 수 있을 정도의 집중력이 필요하다. 복잡한 텍스트에는 10대에게 다소 생소한 장면이나 개념이 다루어지는 경우가 많기 때문에 아주 잠깐 집중해서는 내용을 이해하기 어려울 것이다. 복잡한 텍스트의 의미를 파악하려면 읽는 도중에 친구들과 문자 메시지를 주고받는 등 과제 전환이 이루어지는 것을 막고, 읽기라는 한 가지 과제에 계속 집중해야 한다.

셋째, 저자의 의견에 동의할지 반박할지 결정하고 자신만의 생각을 확립하려고 노력하는 등 적극적이고 비판적으로 읽는 태도를 가져야 한다. 복잡한 텍스트를 읽다 보면 학생들은 지식의 부족과 경험의 한계에 직면하기 쉽다. 그런데 10대는 이런 한계를 보완하고 텍스트를 보다 깊이 읽어 보려고 노력하기보다는 책의 인물 소개 페이지에 제시되는 내용과 같은 간단한 정보를 습득하기를 원한다.

바우어라인은 고등학교에서 학생들이 인터넷을 사용하지 않고 자료를 조사하여 종이에 손으로 직접 쓰는 과제를 내줘야 한다고 강조했다. 그 과제는 간단한 텍스트가 아니라 학생들이 직접 조사하고 작성하는 데에 1시간 이상 걸리는 결과물이 복잡한 구성을 지닌 텍스트여야 한다는 것이다.

학생들은 학교가 지루하고 재미없으며 학교 밖에 훨씬 더 흥미진진한 일이 많다고 말한다. 교육자들이 노력을 기울이는데도 불구하고 학생들의 두뇌를 만족시키는 결과는 쉽사리 얻어지지 않고 있다. 2009년 실시된 미국 고등학교 학생의 참여도 조사에 따르면 4300명에 해당하는 65%의 학생들이 "명확한 답이 없는 문제에 대해 토론하고 싶다"고 응답했다. 또한 82%는 "학교에서 창의성을 발휘할 기회를 가지고 싶다"고 말했다. 학생들은 궁금한 것을 토론하고 싶어 하고 새로운 생각을 펼치고 싶어 한다. 학생들이 그렇게 할 수 있기 위해서는 그들에게 최대한 말할 기회, 발표할 기회, 표현할 기회를 주어야 한다.

06

요약해서 설명하는 것이 공부 효과를 높인다

아이들이 학습한 내용을 스스로 요약 정리하여 말하게 하면 공부 효과가 매우 높아진다. 요약 기술은 정보를 분석하면서 요점을 찾아내 간추리는 것이다. 학습 도중이나 수업이 끝나기 전에 정보를 꼼꼼하게 살펴 간추리면 이해도가 높아진다. 배운 내용을 완성된 짧은 문장으로 만드는 방식만 고집할 필요는 없다. 그날 공부한 여러 개념을 서로 연결시키거나 그날 다룬 내용을 요약하는 신문 헤드라인을 쓰거나 다음 시간에 무엇을 배울지 예측하는 방법도 아주 좋은 방법이다.

언어는 참으로 신기하다. 말로 할 수도 있고, 귀로 들을 수도 있으며, 눈으로 볼 수도 있고, 글로 쓸 수도 있다. 뇌에는 단어를 전달하기 위해 다양한 감각과 사고 체계를 연결하는 일련의 경로가 있다. 이러한 경로는 대도시 입체 교차로와 같은 역할을 한다. 자동차들은 마치 뉴런처럼 사방에서 몰려오고, 이때 운전자들은 다양한 목적지를 향해 나아간다.

뇌에 들어온 단어들도 그와 마찬가지이다. 읽기는 우리 눈이 단어를 나타내는 글자를 볼 때 시작된다. 말하기는 기억체계에서 묘사되는 생각이나 영상에서 출발하여 운동피질을 통해 이해 가능한 소리로 표출된다. 쓰기는 말하기와 비슷하게 시작되지만, 글을 쓰는 손의 운동제어를 통해서 이루어진다. 듣기는 귀로 들은 것을 기억체계에 저장하기 때문에 글로 쓰거나 따라 말하지 않는 한 무슨 말을 듣고 있는지 아무도 모른다.

열심히 수업을 듣는 것 같은데, 학생들이 기억하지 못하는 이유는 뇌가 아무것도 하지 않기 때문이다. 우리 뇌는 이미 익숙해져 있는 행동과 패턴에 대해서는 관심을 갖지 않는다. 그러나 새로운 정보 앞에서는 주의를 기울이고 새로운 신경을 형성하며 신경망을 늘려가면서 학습하는 뇌로 변화한다.

실제로 공부를 하는 사람만이 얻고자 하는 지식을 얻는다. 세상을 스스로 능동적으로 탐구할 때에 비로소 뇌 전체에 불이 들어올 뿐만 아니라 기능적으로 연결된다. 뇌는 유사점에 따라 정보를 저장하고, 차이점을 이용해 정보를 분별하여 검색한다. 이것은 간단한 정보처리 방식이지만, 시험에서 학업 성취도를 높이기 위해 흔히 활용하는 내용 정리 전략 중 하나다. 정보를 비교하고 분류하려면 고등 사고 능력이 필요하다. 학생들은 먼저 정보를 분석하고 평가해야 그것을 어느 범주에 넣을 것인지 알 수 있기 때문이다. 도표나 그림 등을 이용하면 유사점과 차이점을 시각적으로 구별하기 쉽다.

수업 시간에 학생들에게 복습에 도움이 될 만한 질문을 하거나 교실 밖에서 배운 것을 떠올릴 수 있도록 하는 것은 장기 기억을 촉진시킨다. 학생들에게 들었던 것들을 정리하고 생각하고 복습할 기회를 주어야 한다. 뇌는 새로운 정보를 기존 지식의 패턴에 맞추는 방법을 지속적으로 탐색하는 패턴 탐색 장치이다. 학생들에게 가장 익숙한 패턴은 개인의 언어이다. 학생들에게 어떤 것에 대해 그것이 무슨 의미를 가지고 있는지, 어떻게 작용하는지를 자신의 언어로 말해 보라고 하는 것은 그들에게 새로운 패턴을 유사한 패턴으로 번역하라고 요구하는 것과 같다.

학생들이 자신의 언어로 말하게 되면 학생이 그것에 대해 어느 정도 알고 있는지 즉시 파악할 수 있다. 만일 학생들이 자신의 언어로 번역할 수 없다면 그들은 그것을 제대로 이해하지 못한 것이다. 이런 언어화를 통해 학생들은 자신에게 익숙한 새로운 패턴을 만듦으로써 더 잘 기억할 수 있게 된다. 학생들에게 익숙한 패턴을 이용하게 하는 것은 장기 기억을 향상시키는 핵심 방법이다.

5장

학습 피라미드와 하브루타

학습 피라미드란? | 최고의 공부 방법 친구 가르치기
조용한 공부와 말하는 공부의 대결 | 성적과 실력은 전혀 다른 것이다
최고의 고등학교 | 에빙하우스의 망각곡선 | 켄 베인의 최고의 공부 | 최고의 공부 하브루타

학습 피라미드란?

'학습 피라미드' 하나만 제대로 이해해도 한국 교육이 바로 설 것이다. 1950년대 러시아의 인공위성 스푸트니크호 발사에 충격을 받은 미국은 미래를 책임질 인재 양성과 관련하여 학생들의 학업 성취도를 높일 수 있는 효과적인 공부 방법에 대한 다양한 연구를 진행했다. 연구 중에는 학습 피라미드를 통해 가장 효과적인 공부 방법을 제시한 연구가 있었다.

미국의 MIT 대학의 사회심리학자 레윈이 세운 응용행동과학 연구소인 미국행동과학연구소에서 발표한 학습 피라미드는 외부 정보가 우리의 두뇌에 기억되는 비율을 학습 활동별로 정리해 둔 것이다. 즉 학습 피라미드는 다양한 방

법으로 공부한 다음에 24시간 후에 남아 있는 비율을 피라미드로 나타낸 것이
다.

　이 피라미드를 보면 강의 전달 설명은 5%, 읽기는 10%, 시청각 교육은
20%, 시범이나 현장 견학은 30%의 효율성을 갖는다. 우리가 학교나 학원에서
교사가 강의를 통해 설명하는 교육은 5%에 불과하고, 학생들이 책상에 앉아 열
심히 읽으면서 공부하는 것이 10%, 그렇게 강조한 시청각 교육은 20%에 불과하
다. 그런데 모둠 토론은 50%, 직접 해 보는 것은 75%, 다른 사람을 가르치는 것
은 90%의 효율을 갖는다.

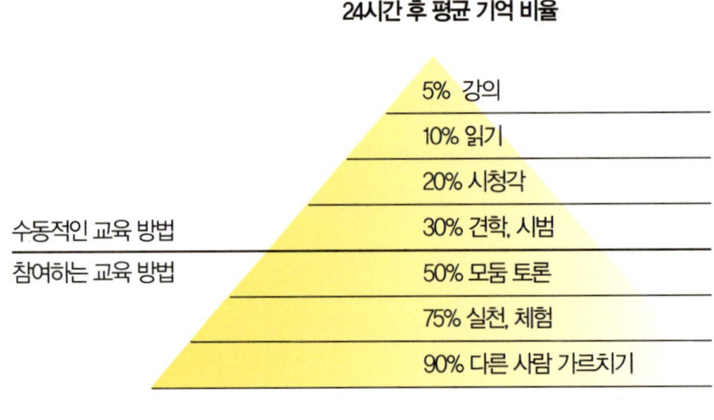

　이것은 친구를 가르치는 것으로 1시간 공부한 사람과 동일한 효과를 얻으
려면 혼자 책을 보면서 하면 9시간, 강의는 18시간을 들어야 한다. 친구를 가르
치는 공부는 강의를 듣는 공부의 18배의 효율성을 갖는다. 유대인들이나 핀란
드 교육이 우리보다 공부를 덜하고도 성공하는 이유는 이런 공부의 효율성 때

문이다. 우리는 강의와 설명을 듣고, 읽으면서 외우는 수업이 대부분이지만, 유대인이나 핀란드는 직접 해 보고 친구와 토론하면서 서로를 가르친다.

여기서 가장 큰 문제는 교사가 학교에서 강의와 설명 방식으로 수업하면 누가 공부를 하느냐 하는 것이다. 교사가 학생들을 가르치면 다른 사람 가르치기가 되므로 교사는 24시간 후에도 90%가 남는다. 하지만 그것을 듣고 있는 학생들은 24시간 후에 5% 밖에 남지 않는다. 그러면 2일~3일, 1주일 후에는 어떻게 될까?

교사가 가르칠수록 자신감을 갖게 되는 이유는 여기에 있다. 교사는 강의를 할수록 중요한 것이 무엇인지 알게 되고, 내용의 체계와 논리가 잡히게 된다. 교사가 자신감이 생기고 논리와 체계를 갖출수록 그것을 이해하지 못하는 학생들이 답답해 보인다.

그래서 교사의 설명과 강의를 들은 학생들은 다시 학원에서 공부해야 하고, 참고서를 보아야 하고, 노트 필기한 것을 읽어야 한다. 그런데 그렇게 외운 지식들도 오래가지 못하고 시험을 보면 다 잊어버린다.

최고의 공부 방법
친구 가르치기

왜 다른 사람을 가르치는 것이 이렇게 효율성이 높을까? 다른 사람에게 어떤 개념을 설명하거나 이해시키기 위해서는 자신이 먼저 완전히 이해하고 있어야 한다. 공부 내용을 준비하면서 복습과 연습의 기회를 갖게 되어 기억력이 자연스럽게 향상되는 것이다. 더불어 다른 사람을 가르칠 때 말로 설명하는 경우가 많다. 사람은 들을 때보다 말할 때 뇌의 여러 부분이 동시 다발적으로 움직여 뇌의 공감각 학습이 자극되어 기억이 오랫동안 지속된다.

또한 다른 사람을 가르칠 때 지금까지 자신도 깨닫지 못했던 질문이나 의문이 떠올라 문제 해결을 위해 뇌에서 치열한 사고 과정이 일어난다. 지식들이 논리화, 체계화되고, 질문이 다른 지식과 정보와 연결되면서 새로운 지식을 생성한다. 그리고 자신이 아는 것을 친구와 공유함으로써 자긍심과 나눔의 기쁨이 생긴다. 그래서 능동적으로 공부하려고 하는 동기를 유발시켜 지속적인 공부를 할 수 있도록 돕는다.

앞의 학습 피라미드에서 어떤 것이 하브루타인가? 7가지 중에서 하브루타는 효율성이 높은 아래 3가지가 해당한다. 50%의 효율성을 갖는 모둠 토론은 여러 명이 짝을 지어 대화, 토론하면서 하는 공부이므로 당연히 하브루타에 속한다. 더불어 하브루타는 말로 직접 하면서 하기 때문에 75%의 직접 하는 체험에 해당한다. 그리고 하브루타가 기본적으로 2명이 짝을 지어 서로에게 가르치고 배우는 방법이므로 90%의 효율성을 갖는 '다른 사람 가르치기'가 하브루타에 해당한다.

백정은, 권혁진의 「또래 교수가 고등학생들의 수학교과 학업성취도와 학습 태도에 미치는 영향」이란 논문을 보면 친구 가르치기의 효과가 수치로 확인된다. 이 연구는 친구 가르치기를 또래 교수라고 표현하고 있는데, 학생들을 대상으로 친구 가르치기 도입 전후 학업 성취도를 비교한 결과 학업 성취도가 높아졌음을 보여준다. 이 연구는 고등학교 2학년 학생들을 대상으로 수학 시간에 또래 교수자와 또래 학습자를 1:2, 1:3으로 그룹을 지어 각 그룹별 또래 교수 이전과 이후의 수학 성적의 차이를 측정했다.

그 결과 또래 교수 이전 학생들의 수학 성적 평균은 50점 미만이었고, 학생들 간 편차가 매우 컸다. 하지만 또래 교수 이후 학생들의 수학 성적은 1:3 집단이 평균 75.75점으로 26.15점이 상승하였고, 1:2 집단이 평균 66.83점으로

18.45가 높아졌다. 두 집단 모두 수학 성적이 큰 폭으로 상승되었으며, 1:3 집단의 경우 상승 폭이 더욱 컸다. 그리고 또래 교수자, 또래 학습자 모두 학업 성취도가 상승하였다.

수동적인 공부 방법은 누군가 학습 내용을 정교하게 정리하여 전달해 주기 때문에 심적으로 편하긴 하지만 복습을 하지 않으면 학습 내용을 쉽게 잊는다는 단점이 있다. 자기 주도적인 공부는 학생 스스로 학습 내용을 정리하다 보니 정리 과정에서 자연스럽게 기억되어 기억 자체가 오래간다.

학생들이 공부를 잘하려면 공부 방법을 제대로 알고 있어야 하고, 그 방법으로 공부해야 한다. 가장 좋은 학습 방법은 학생이 학생을 가르치는 것이다. 어떤 학교에서 우수한 성적을 받은 상급 학년 학생들이 후배들을 가르치게 하고 과외비를 지급해 학비나 용돈에 보태 쓰게 하는 방법을 도입했다. 이에 대한 학생들의 반응은 상당히 좋았다고 한다. 저학년 학생들은 대하기 쉬운 선배들에게 개인 지도를 받아서 좋고, 고학년 학생들은 후배들을 가르치면서 배운 지식을 정리하고 확실하게 자기 것으로 만드는 효과를 얻었다는 것이다.

EBS 〈학교란 무엇인가〉 10부작 시리즈가 화제가 된 적이 있다. 그중에서 8부가 '0.1%의 비밀'이다. 0.1%의 비밀이란 뜻은 1000명 중에 가장 공부를 잘하는 1명을 의미하며 상위 0.1%가 어떻게 공부하는지를 다룬 내용이다. 그 내용을 보면 학생이 집에서 책상에 앉아서 열심히 공부하다가 지루해지면 엄마를 부르는 장면이 나온다. 엄마는 딸의 방에 들어가면서 말한다.

"왜, 또 선생님 놀이하게?"

선생님 놀이가 무엇일까? 학생 방 벽의 일부가 아크릴 판으로 되어 있어 학생은 거기에 열심히 쓰면서 엄마에게 강의를 한다. 엄마를 가르치는 것이다. 엄마는 그냥 앉아서 듣는 학생 역할을 해주는 것이 전부다. 이것이 학습 피라미드에서 90%의 효율성을 보였던 '다른 사람 가르치기의 힘'이다.

또 다른 학생은 학교 자율 학습 시간에 교탁에 서 있으면서 모르는 친구가 와서 물어보면 친구에게 설명을 해준다. 이렇게 공부하면 공부를 잘하는 학생이 손해가 날 것 같은데, 이 학생은 전혀 다른 반응을 보인다. 친구가 모른다는 것은 어려운 것이고 그것을 설명하면서 그냥 지나쳤던 부분을 확인할 수 있어서 오히려 자신에게 도움이 된다는 것이다. 이것 역시 친구 가르치기의 공부 방법이다.

EBS 〈공부의 왕도〉에서도 자녀가 부모에게 설명을 하거나 친구끼리 공부하는 장면은 심심치 않게 나온다. 모두 일대일이고, 다른 사람을 가르치는 형태를 가지고 있다. 이런 공부가 최고의 공부이고, 그것이 '하브루타'이다.

조용한 공부와 말하는 공부의 대결

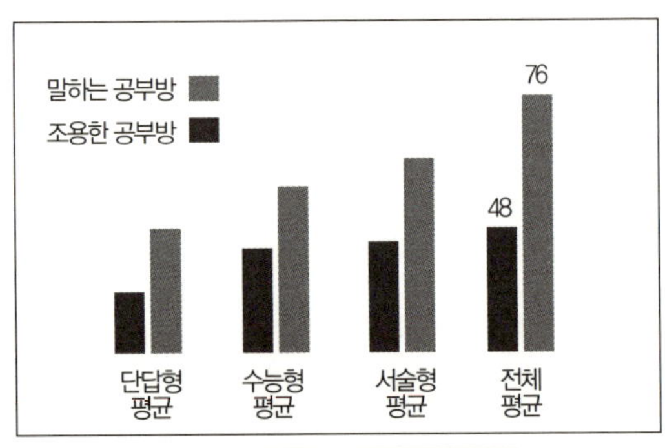

EBS 다큐프라임 〈우리는 왜 대학을 가는가〉 5부 '말문을 터라'에서 하브루타를 다루면서 '조용한 공부 방법'과 '말하는 공부 방법'으로 대결을 시도한 적

이 있다. 수능출제위원이 문제를 출제하고, 수능 과목 중 사회탐구의 서양사를 대상으로 했다. 즉 우리나라 입시 공부에 하브루타가 적합한지를 실험한 것이다. 여기서는 대학생 8명씩 두 그룹으로 나눠 실험을 진행했다. 3시간 동안 서양사의 한 부분을 공부하고 1시간 동안 시험을 보기로 한 것이다.

한 그룹은 우리나라의 전통적인 공부 방법으로 '조용한 공부'를 실시했고, 다른 그룹은 짝을 지어 시끄럽게 떠들며 서로에게 물어보고 가르치는 방식인 '말하는 공부'로 학습했다. 3시간 뒤 단답형 5문제, 수능형 5문제, 서술형 5문제로 시험을 친 결과, 말하는 공부방에서 단답형은 6:12로 두 배, 수능형은 17:21, 서술형은 23:46으로 나타났다. 조용한 공부는 48점, 말하는 공부는 76점을 차지해서 말하는 공부가 거의 2배 가까운 효율성이 있음을 보여 주었다. 수능처럼 입시공부에도 하브루타가 효과적임을 보여주는 것이다. 공부하고서 바로 시험 보는 것이 아니라 1주일이나 1개월 후에 시험을 보았다면 그 간격은 훨씬 벌어졌을 것이다.

이 실험을 통해 혼자 공부하는 것보다는 함께 토론하면서 공부하는 것이 훨씬 더 효율적이고 제대로 된 공부라는 것을 알 수 있다. 학생들도 그 방법이 더 재미있고 잘 기억된다고 말했다. 공부를 하는 가장 좋은 방법은 다른 사람을 가르치는 것이다. 그러면 저절로 자신이 확실히 아는 것과 모르는 것을 스스로 깨닫게 되면서 한 단계 성숙하게 된다.

조용한 공부방 학생들이 공부를 열심히 하지 않은 것이 아니다. 방송에도 나온다는데 얼마나 열심히 했겠는가? 밑줄을 치면서 별표를 그리고 형광펜으로 표시하면서 정리한 노트를 열심히 외웠다. 그러나 혼자 공부하면 오래 기억에 남지 않는다. 일정 기간이 지나면 전부 사라지게 마련이다. 공부가 지루하고 재미없으며, 시험 볼 때 정작 잘 생각나지 않는다. 시험에서 정답을 맞힌 것조차도 시험이 끝나면 다 잊어버린다.

큰 소리로 떠들며 이야기를 하면 머릿속에 더욱 각인이 되어 오래도록 기억된다. 공부가 재미있다. 신 나게 떠들며 시간 가는 줄도 모른다. 떠들면서 치열하게 생각한다. 말이 생각을 부르고, 그 생각은 다시 다른 생각과 연결된다. 설명하다 보면 막히는 부분이 있고, 거기서 질문이 생기고, 그 질문은 다른 지식을 부른다.

말하는 공부가 효율적인 것의 가장 큰 핵심은 메타인지 때문이다. 메타인지는 내 자신의 사고 능력을 객관적으로 바라보는 것이다. 메타인지는 내가 아는 것과 내가 안다고 착각하는 것을 아는 능력이다. 나 자신을 아는 것이다. 메타인지는 스스로에게 질문함으로써 의미를 구성하는 것을 돕는다. 설명하면 자신이 모르는 것과 아는 것의 구분을 명확히 할 수 있고, 자신이 알고 있는 지식들이 인과관계를 이루면서 잘 이해할 수 있다. 즉 말을 해보면 내 자신이 모르는 것을 분명하게 알 수 있고, 그 부분을 다시 찾아보거나 다른 사람에게 질문해서 명확히 알 수 있다. 말을 하면서 생각이 정리되고, 더 정교해진다. 하지만 이것은 혼자 공부하면 얻기 힘들다.

성적과 실력은 전혀 다른 것이다

우리나라는 부모와 아이든 모두 성적을 좇는 삶을 살고 있다. 물론 아이야 부모 때문에 그런 것이므로 성적을 지향하는 것은 대부분 부모들이다. 성적으로 인해 부모든, 자녀든 자기도 모르게 불안 지수가 높아진다. 그래서 여러 가지 증세가 나타난다. 손이 떨리고 집중력이 떨어지고 성격이 난폭해지고 마음이 약해진다. 다른 사람을 배려하지 못하고 감수성이 둔감해지고 급한 성격이 되고 자기도 모르게 쌓인 분노를 어떠한 방식이로든 표출한다.

그러나 성적과 실력은 다르다. 성적은 시험을 잘 봐서 높은 점수와 등수를 받는 것이다. 주로 숫자로 표기된다. 시험을 봐서 나온 결과이다. 하지만 실력은 자기에게 맡겨진 일을 바르게 처리할 수 있는 능력이다. 우리의 삶에 실제 필요한 능력이다.

영어 성적이 좋아 항상 1등이고 100점을 맞는다 하더라도 외국인을 만나 실질적인 대화를 못한다면 의미가 없다. 영어 100점 맞는 것이 성적이고 외국인과 대화를 하지 못하는 것이 실력이다. 학교에서 영어를 배우는 이유는 영어 시험에 높은 성적을 받기 위한 것이 아니다. 다른 나라 언어를 배우는 이유는 다른 나라 사람들과 의사소통하기 위함이다. 또 그 사람들의 문화와 지식을 배우고 또 그들의 생각을 앎으로써 우리의 생각과 지식의 폭을 넓혀 삶을 기름지게 하기 위한 것이지 시험을 잘 보게 함이 아니다.

우리는 성적과 실력이 다른 이런 현실을 주변에서 매우 많이 본다. 국어 성적은 높지만, 실질적으로 글을 잘 쓰거나 교양 있는 언어를 구사하는 것과는 거리가 있다. 과학이나 수학 성적은 좋지만 실질적으로 발명을 하거나 수학적 사고를 통해 삶을 개선시키는 것과는 하등 상관이 없다. 도덕이나 윤리 과목의 성적은 높아도 교통 질서를 지키지 않거나 거짓말을 쉽게 하는 사람들은 너무도 많다. 미술 성적은 좋아도 미술 작품을 감상하는 능력과는 상관이 없다.

우리가 보기에 유대인의 교육은 전혀 성적과는 상관이 없는 것 같은 교육이다. 토라를 외우고 그 말씀을 따라 묵상하고 느낀 바를 발표하고 삶에 어떻게 적용하며 살 것인가에 대해 토론하고 대화하는 데 많은 시간을 할애하기 때문이다. 탈무드를 공부하면서 소가 사람을 받았을 때 어떤 경우에는 배상을 해야 하고 어떤 경우에는 변상을 하지 말아야 하는지, 현대의 상황과는 전혀 맞지 않아 보이는 것을 가지고 몇 시간씩 격렬하게 논쟁하는 것이 성적과 무슨 상관이 있을까? 그들은 탈무드에서 누가 어떤 주장을 했는지 객관식이나 단답형 시험을 보는 것은 상상도 하지 못한다.

예전에 학교 다닐 때 중학교 2학년 1학기 중간고사에서 받은 수학 점수와 지금 내 삶과 얼마나 상관이 있는가? 그러면서 자녀의 중학교 2학년 1학기 중간고사 수학 점수에 왜 그렇게 민감한가?

유대인의 교육 철학은 학생들을 성적에 따라 줄을 세우지 않는다. 탈무드에서는 다수의 의견과 소수의 의견이 공존하고 있는데 소수의 의견도 존중해야 한다고 가르친다. 마찬가지로 어떤 결과가 나타났을 때 누가 옳고 누가 그르다는 판단을 내리지 않는다. 따라서 유대인 부모들은 자녀가 좋은 성적을 목표로 공부하는 것을 원하지 않는다.

05

최고의
고등학교

EBS 〈학교란 무엇인가〉 4부에서는 '세계 최고의 고등학교'라는 타이틀 아래, 한국의 민족사관고등학교, 미국의 토마스 제퍼슨 학교, 인도의 마요칼리지를 소개하고 있다. 이 학교들은 세계적인 인재를 기르기 위해 각 학교마다 나름의 독특한 철학과 커리큘럼으로 가지고 교육이 이루어지고 있다.

미국 토마스 제퍼슨 학교는 학생들에게 많은 자유를 부여하는 대신, 그에 따른 책임을 지운다. 토마스 제퍼슨 학교의 수업 시간은 고작 35분이지만, 그나마 그 시간도 선생님이 학생들에게 지식을 주입하는 것이 아니라 끊임없이 질문을 던지고, 학생들은 질문을 듣기 위해 수업을 듣는다. 35분 동안 많은 질문들로 생각거리들과 호기심이 잔뜩 쌓이면 수업 시간이 끝나고도 선생님을 찾아가서 주제거리들에 대해 토론하고, 스스로 공부하며 생각을 키우는 공부를 한다.

이 학교와 더불어 민사고나 인도의 마요칼리지는 학교생활 그 자체가 배움이고 깨달음을 주는 생활이다. 수업을 통해서만 배움이 이루어지는 것이 아니라 학교에서 이루어지는 모든 생활이 다 가르침이고 배움이다. 뿐만 아니라 학생들은 자신이 무엇을 위해 왜 공부하는지를 알고, 시간을 관리하는 법과 세계를 위해 꿈꾸는 법을 배운다.

수업의 주목적은 스스로 공부해서 스스로 깨우치는 기쁨을 느끼게 해주는 것이다. 이 학교에서는 대부분 교사가 아니라 학생이 가르친다. 학생이 분필을 잡고, 학생이 준비한 내용을 발표하고, 듣는 학생은 질문을 한다. 질문과 답변이 오가면서 학생들은 사고한다. 가장 중요한 것은 선생님들이 학생들과 좋은 관계를 맺고 또 학생들의 신뢰감을 얻는다는 것이다. 선생님 마음 한가운데에 학생이 존재한다는 확신을 가지고, 교사는 본인이 하는 수업을 학생의 눈을 통해 판단해야 한다.

지식을 얻는 것보다 중요한 '지식을 찾아가는 방법'을 깨닫고, 삶의 지혜를 얻는다. 학생들은 듣고 배우기 위해 수업에 참여하지 않는다. 질문을 듣기 위해 참여한다. 토마스 제퍼슨 학교에서는 교사가 수업 시간 35분간 끊임없이 질문을 던진다. 학생들은 질문을 듣는다. 그리고 생각한다. 정답은 없다. 세상에는 정답이 없는 것이 더 많기 때문이다.

선생님은 학생들이 사고할 수 있는 환경을 만들어 주고, 질문에 대한 대답을 유도한다. 출세나 성공을 위해서 공부하는 것이 아니라 세상을 개선하고 세상에 도움을 주기 위해 공부하는 아이들이 훨씬 더 강력한 동기를 가지고 공부를 할 수 있다. 민사고의 수업은 토론식 수업이다. 국제 토론대회를 준비하고 출전하는 것이 일상이 되었다. 이런 모든 것들은 하브루타와 관련되어 있다.

06

에빙하우스의
망각곡선

인간은 망각의 동물이다. 신이 인간에게 내려준 가장 큰 축복이 망각이라고도 한다. 만약 인간이 살면서 습득한 모든 정보를 잊지 않고 모두 기억하면서 산다면 참으로 힘들 것이다. 그 기억 속에는 잊고 싶은 나쁜 기억들도 있기 때문이다. 하지만 꼭 기억하여 잊지 말아야 할 것이 있다면 에빙하우스가 권한 망각주기에 따른 주기적인 반복학습이다.

헤르만 에빙하우스는 독일 실험심리학의 선구자로 『기억에 관하여』를 발표하면서 에빙하우스의 망각곡선이 알려졌다. 그의 연구 결과에 따르면 인간의 기억은 시간의 제곱에 반비례한다고 한다. 따라서 기억의 양은 시간이 지남에 따라 급격히 감소하는 것이 일반적이다. 망각하는 비율은 학습을 한 직후에 가장 높고, 9시간 동안은 급격히 감소하다가 그 뒤에는 서서히 줄어든다는 것이다. '기억력이 좋다'란 '망각율이 낮다'란 의미로 해석할 수 있다. 인간은 공부를 한 다음에 20분 안에 42%를 잊어버리고, 1시간 만에 56%를 잊어버린다.

그러면 기억에 대한 인간의 한계를 연장시키는 방법은 없을까? 일반적으로 인간이 가지고 있는 기억에 대한 망각의 주기를 연장시키거나 영구히 기억을 보존하게 하는 방법으로 반복이 최고다. 에빙하우스는 여러 실험을 통해서 반복하는 것의 효과, 즉 기억이 떨어질 때 반복 학습을 하면 기억력을 다시 높일 수 있다는 것을 알아냈다. 또한 같은 횟수라면 '한 번에 전체적으로 반복하는 것'보다는 '일정 시간의 범위에 나누어서 여러 번 반복'하는 편이 훨씬 더 기억에 효과적이라는 것을 발견하였다.

이런 반복 학습은 나누어 반복하는 주기가 중요하다. 그의 연구에 따르면, 최초 학습이 있은 지 10분 후에 반복 학습을 하면 1일 동안 기억이 진행되며, 이것을 다시 1일 후에 반복 학습을 하면 이번에는 1주일 동안 기억의 진행이 가능하다고 한다. 또 1주일 후에 다시 반복 학습을 하면 1개월 동안의 기억이 가능하며, 이것을 1개월 후에 다시 반복 학습을 할 경우에 6개월 이상 장기 기억으로 보존이 가능하다는 것이다. 최초 학습한 내용을 잊지 않고 장기 기억으로 남아 있게 하기 위해서는 '10분 후, 1일 후, 1주일 후, 1개월 후' 4번을 반복하는 것이 가장 바람직하다는 것이다.

단 처음에 공부할 때 '한 번을 읽더라도 정확히 제대로' 읽어야 한다. '이번이 처음이자 마지막으로 읽는 것'이라는 생각으로 한 글자씩 또박또박 이해하면서 읽어야 한다. 이러한 정독의 필요성은 최초 학습 시 중요성이 더 크기 때문에 시간이 걸리더라도 반드시 정독해야 한다. 이때 중요한 것은 중요한 것과 중요하지 않은 것을 구분하여 중요한 것을 표시하는 것이다. 그런 중요한 것들을 4번 반복하여 복습하면 장기 기억으로 남을 수 있다.

한의사로 이스라엘에 가서 의학을 공부한 류모세 선교사는 "유대인과 한국 교육이 다른 점은 주입식이냐 창의성이냐, 부모가 주도하느냐 부모가 뒷받침을 해주느냐, 단순 암기식이냐 문제 해결식이냐 등에 있는 것으로 보인다. 나는 한국에서 한의학을 전공했고, 히브리 대학원에서 의학을 공부했다. 그런데 의학 공부도 토론식으로 하고, 창의적 사고를 중시하는데 놀랐다. 한국에서는 무조건 외워서 시험 본 다음에 바로 잊어버리기를 반복한다. 여기는 시험이 대부분 오픈 북이다. 문제 상황을 주고 그동안 배운 것과 책에 있는 것을 종합해서 어떻게 활용하고 적용할 것인지 쓰게 한다. 의학 공부도 창의적으로 할 수 있다는 점에 너무 놀랐다"라고 말했다.

한국과 유대인 교육의 차이를 극명하게 보여주는 말이다. 우리는 철저하게 성적과 점수 등수에 매달리지만, 유대인들은 숫자로 된 성적 개념 자체가 거의 없다. 모두 서술식으로 표기되며, 철저하게 사고력 자체를 기르는 것이다.

어떤 사실을 엄마와 아빠가 알고 있다고 해서 아이도 그것을 알고 있는 것은 아니다. 내가 무엇을 할 수 있다면 부모가 알고 있는 것을 나에게 잘 가르쳤기 때문이다. 교사가 알고 있다고 해서 학생들이 모두 알고 있는 것은 전혀 아니다. 교사가 학생들이 무엇을 할 수 있도록 가르치는가는 중요하지 않다. 진정으로 중요한 것은 학생들이 가르침을 행동으로 옮길 수 있는가 하는 것이다. 내가 배운 것을 다른 사람에게 전달할 수 있을 때 그때서야 제대로 배운 것이다.

공자는 지금으로부터 2500년 전에 "들은 것은 잊어버리고, 본 것은 기억할 수 있으나, 직접 해 본 것은 이해할 수 있다"라고 말했다. 교사가 말했다고 학생들이 모두 들은 것이 아니고, 기억되는 것도 아니다. 또 기억한다고 그것을 제대로 이해한 아이는 아주 소수일 것이며 더구나 그것을 생활에 적용하거나 다른 사람에게 설명할 수 있는 학생은 극히 드물 것이다. 보통 강의 방법보다 20~30% 적은 시간을 가지고도 학생들이 내용을 알고 이해하는 방법이 대화식 교육 방법이다.

일반적인 강의식 설명에서는 학생들이 집중하고 있는지 알 수 없고 머릿속으로 무슨 생각을 하고 있는지 알 수 없다. 하지만 팀을 이루어 함께 토론하면 다른 생각을 하거나 집중하지 않을 수 없다.

토니 부잔은 『양쪽 뇌를 사용하라』는 책에서 성인은 평균 90분 동안 이해하면서 들을 수 있지만, 오직 20분만 기억하면서 들을 수 있다고 했다. 이 말은 20분마다 변화를 주거나 속도에 변화가 있어야 뇌가 집중할 수 있다는 말이다. 여기서 법칙이 나올 수 있다. 그것은 90/20/8의 법칙이다. 어떤 교육 단위도 90분을 넘기지 않고 20분마다 변화를 주며, 8분마다 사람들이 참여할 수 있는 방법을 찾는 것이다.

사람은 어떤 아이디어를 한 번 접하면 30일 후에는 10% 미만을 기억한다. 하지만 그 아이디어를 6번 접하게 되면 30일 후에도 90% 이상을 기억한다. 핵심적인 아이디어를 소개한 후에 10분 후에 다시 한 번 언급하고, 1시간 후에 다시 강조하는 식으로 6번을 듣게 되면 잊지 않는 것이다. 효과적인 강의를 하는

사람은 관리나 조직에 관한 일에는 15% 미만의 시간을 사용하고, 상호작용이

필요한 활동에는 50% 이상의 시간을 배정한다.

07

켄 베인의 최고의 공부

EBS 〈최고의 교수〉가 선정한 켄 베인은 최고의 공부는 내 자신으로부터 출발한다고 말한다. EBS 〈학교란 무엇인가〉에서의 실험 결과도 자신이 어느 정도 아는지 정확하게 파악하는 학생이 성적이 높다는 것을 증명하고 있다. 이것이 메타인지다. 자신에 대해서 아는 것이다.

자신을 알아야 공부도 가능하다. 내 자신의 질문으로부터 공부는 시작된다. 내 안의 질문, 그것이 호기심에 의한 질문이고 내적 동기다. 내적 동기가 그 사람을 평생 공부할 수 있도록 끌고 간다.

켄 베인의 『최고의 공부』에서 미국에서 가장 유명한 도시계획 설계자 셰리 카프카 이야기가 나온다. 그녀는 시골의 아주 가난한 가정의 출신이었다. 나중에 셰리 카프카의 아버지가 침례교 신학교에 다니긴 했지만 가족 중 고등학교에서 대학으로 바로 진학한 사람은 아무도 없었다. 가족은 거의 성경만 읽었고 성경을 제외한 다른 책은 집에 단 한 권도 없었다. 오직 이야기만 들을 수 있었다. 네다섯 살 때 증조부는 자신의 부모에게 들었던 이야기나 자신이 지어낸 이야기를 그녀에게 들려주곤 했다. 기나긴 이야기로 어린 소녀를 홀린 증조 할아버지는 손가락으로 그녀를 가리키며 "이젠 네가 이야기를 들려주렴"이라고 말했다. 그러면 그녀는 이야기를 시작했다. 증조 할아버지는 그녀의 이야기에 등장하는 인물과 동물들에 대해 물으면서 더 자세히 이야기해달라고 요구했다. 증조 할아버지가 세상을 떠나고 몇 년이 지나 8학년이 된 셰리는 '이야기꾼'이 자신의 길이라는 결론을 내리고 작가가 되기로 마음먹었다. 작가가 되기 위해서는 더 많이 배워야 하니, 결국 대학에 가야 한다는 사실을 깨달았다.

성장이란 정신의 역동적인 힘을 발견하는 것이라고 믿는 사람은 극소수에 불과하다. 나는 누구이고 나 자신을 어떻게 이용할 수 있을까? 이렇듯 스스로를 발견하는 일이야말로 성장이다. 우리가 가진 것은 우리 자신밖에 없다. 인류 역사상 나와 똑같은 육체, 나와 똑같은 인생 경험을 가진 사람은 단 한 명도 없다. 나와 정확히 똑같은 뇌를 가진 사람도 단 한 사람도 없다. 나 자신이 바로 하나의 종족이다. 그래서 나는 다른 사람들과 다른 각도에서 문제를 볼 수 있다. 하지만 자신이 가진 정신의 역량을 발휘하려면 먼저 자신이 누구인지, 그리고 어떤 식으로 문제에 접근하는지, 그 문제를 어떻게 해결해 가는지 알아내야 한다.

스티브 잡스는 스탠포드 대학 졸업식 축사에서 출발과 시작, 노력의 중요성을 '점을 연결하는 일'이라고 표현했다. 자신의 서체 공부와 매킨토시의 경우와 같이 연관되지 않는 것처럼 보이는 일들이 실은 서로 밀접하게 관계를 맺으며 좋은 결과를 만들어 낼 수 있다는 것이다.

미국 작가 해럴드 에번스의 조사에 따르면 미국 역대 대통령 중 독서광으로는 링컨, 워싱턴, 제퍼슨, 루스벨트, 아이젠하워, 케네디 등이 포함되어 있다. 그가 독서광으로 선정한 22명의 대통령 중에 미국인들이 뽑은 훌륭한 대통령 상위 10명 모두 포함되어 있다. 책을 읽을 때는 자신만의 주견이 있어야 한다. 주견이 없으면 아무 책이나 읽게 된다. 다산 정약용은 주견을 가지고 독서할 것과 '초서'의 필요성을 강조했다. 초서란 책을 읽으면서 자신의 주견에 따라 필요한 부분을 발췌해서 옮기는 것이다. 책을 많이 읽는 것도 중요하지만, 더 중요한 것은 한 권을 읽더라도 완전히 내 것으로 만드는 것이다. 완전히 내 것으로 만들려면 읽은 것을 서로 나누고 토론하고 논쟁하는 것이 효과적이다. 깊게 생각하게 하기 때문이다.

최고의 공부는 생각하는 공부다. 자기가 직접 하지 않은 것은 내 것이 아니다. 자신이 직접 생각하고, 체험하고, 논리화하여 말한 것만이 내 것이 된다.

08

최고의 공부 하브루타

　　KBS는 〈공부하는 인간〉 5부작을 방송한 적이 있다. 세계 각국의 공부 방법을 직접 돌아보고, 인류문명 속에서 공부는 어떤 의미를 지니며, 각 문화권이 갖는 최고의 공부는 어떤 형태인가를 다룬 것이다. 하버드 출신인 제니 마틴, 릴리 마골린, 스캇 임, 브라이언 카우더 4명과 함께 영국, 프랑스, 이스라엘, 한국, 일본, 중국, 인도 등 세계 각국의 공부 문화를 취재하여 최고의 공부가 무엇인지 밝히고자 하였다. 제4부 '최고의 공부' 편에서 최고의 공부 방법으로 두 가지를 제시하는데 하나는 옥스퍼드의 일대일 튜터링이고, 다른 하나는 미국 필립스 엑시터 아카데미의 하크니스 테이블이다.

KBS〈공부하는 인간〉의 결론은 미래의 공부는 질문과 토론의 공부, 소통과 협력의 공부라는 것이다. 혼자 하는 공부는 단시간에 많은 지식을 습득할 수 있지만 스스로 생각하지 않고 공부하기 때문에 사고를 폭넓게 확장시키기 어렵다. 그것은 대부분 시험을 보기 위한 것이므로 시험만 보면 잊어버린다. 인류 문명은 지금까지 지속적으로 사고를 발전시키며 번영해 왔다. 사고를 폭넓게 확장시키는 노력 없이는 치열한 무한 경쟁 시대에 살아남기 어렵다. 미래는 더할 것이다.

가장 이상적인 공부는 개인적으로 공부하면서 그렇게 공부한 것을 서로 나누며 심화시키는 것이다. 세상에 혼자 모든 것을 처리할 수 있는 사람은 없다. 설령 혼자 창의적인 아이디어를 냈다 하더라도 그것이 다른 사람과 공유와 협력을 통해 펼쳐지지 않으면 사장될 뿐이다. 다른 사람과 나의 생각, 지식 등을 공유하며 힘을 합쳐야 아이디어도 구체화되고 그것을 구현할 수 있는 방법들이 찾아질 것이다.

하브루타는 '짝을 지어 질문하고 대화, 토론, 논쟁하는 것'이다. 그 짝은 일대일이 대표적이고, 4명일 수도, 여러 명일 수도 있다. 가정에서의 짝은 아빠와 아들, 엄마와 딸이 될 수도 있고 가족 전체가 될 수도 있다. '예시바'에서는 일대일이 일반적이다. 학교나 회당에서는 2명이 하브루타를 할 수도 있고 여러 명이 할 수도 있다. 그래서 하브루타는 2명이 하는 짝 토론, 여러 명이 하는 모둠 토론, 교사와 학생 전체가 짝이 되는 전체 토론의 3가지 구조를 갖는다.

옥스퍼드 대학교의 일대일 튜터링은 전형적인 짝 토론 구조의 하브루타이다. 교수와 학생이 짝을 지어 질문하고 대화, 토론, 논쟁한다. 교수와 학생의 일대일 튜터링은 가장 이상적인 공부 방법이긴 하지만, 효율성이 떨어진다는 단점이 있다. 즉 교사가 많아야 이런 수업이 가능하기 때문이다.

그러나 학생끼리 짝을 짓는 하브루타 수업은 그 어디서든 가능하다. 그리고 학생들끼리 서로 가르치고 배우는 짝 토론 구조의 하브루타가 교사와 학생 사이의 일대일 튜터링보다 훨씬 효율적일 수도 있다. 학생 입장에서 교사가 1시간 가르쳐 주는 것과 학생이 1시간 가르쳐 준다고 했을 때 학생에게 배우는 것이 훨씬 효율적이다. 친구에게 배우는 것이 이해도 빠르고 긴장도 하지 않고 부담 없이 즐겁게 공부할 수 있기 때문이다.

'하크니스 테이블' 학습 역시 하브루타이다. 이것은 모둠 토론 구조의 하브루타이다. 유대인들은 모여서 토라나 탈무드 공부를 할 때 타원형의 둥근 탁자에 랍비도 앉고 다른 사람들도 앉아서 대화하고 토론하면서 공부한다. 심지어 안식일 식탁의 구조도 타원형 탁자일 때가 많다. 타원형 탁자에 온 가족이 둥글게 둘러앉는 것이다. 그런 다음 맛있는 음식을 먹으면서 책을 펴 놓고 따뜻한 대화를 주고받기도 하지만, 치열하게 토론하고 논쟁하기도 한다. 즉 유대인들은 이미 수천 년 전부터 '하크니스 테이블' 방식으로 공부하고 대화해 왔다.

KBS가 수십억을 들여서 4명의 하버드 출신들을 데리고 세계 각국의 공부 문화를 탐방한 다음에 선정한 최고의 공부인 '옥스퍼드 일대일 튜터링'과 '하크니스 테이블'은 하브루타에 속한다. 모두 짝을 지어 질문하고 토론하는 형태이기 때문이다. 이 두 방법보다 하브루타의 역사는 훨씬 더 깊고 오래되었다.

6장

거꾸로 교실과 하브루타

거꾸로 교실이란? | 거꾸로 교실과 하브루타

거꾸로 교실이란?

거꾸로 교실은 기존 전통적인 수업 방식인 학교에서 공부하고 집에서 숙제하는 구조와 반대로, 집에서 공부하고 학교에서 활동과 토론을 통해 공부하는 방법을 말한다. 이것은 기존의 수백 년 동안 지속되었던 교육의 근본 틀을 뒤집는 수업 형태이다. 전통적인 교육은 교실에서 교사가 지식을 아이들에게 전달하고 아이들은 집에서 복습을 하는 형태이다. 이것을 반대로 뒤집어, 아이들이 집에서 동영상 강의 등을 통해 학교에서 공부해야 할 내용을 사전에 예습하게 한 후 학교에서는 질문과 토론 발표 수업을 통해 지식을 확장시키고, 상호작용적인 형태의 수업을 통해 아이들의 적극성과 자기 주도성을 촉진하는 방식이다. 즉 기존의 학습 방법인 학생은 배우고 교사는 가르친다는 개념에서 탈피해 거꾸로 학생은 듣는 공부보다는 말하고 활동하며 공부한다는 원리이다. 교사가 일방적으로 수업만 하는 형태의 학습에서 벗어나 가르치는 시간을 줄이고 아이들이 서로 토론하고 협동하며 배워가는 시간을 보장하는 것이다.

거꾸로 교실의 핵심을 몇 가지로 정리하면 다음과 같다.

① 수업 전에 미리 공부하고, 수업 시간에는 활동과 토론을 통해 학습한다.
② 수업 시간에 설명할 내용을 동영상으로 만든다.
③ 동영상 길이는 10분 이내로 한다.
④ 동영상을 수업 시간 중에 볼 경우 모둠별로 시청한다.
⑤ 교사는 해결할 문제나 토론할 주제 등 활동할 거리를 학생에게 제시한다.
⑥ 학생들은 서로 협력하면서 스스로 문제나 과제를 해결하고 토론한다.
⑦ 교사는 학생들의 질문을 받고 학생들의 배움을 돕는 촉진자가 된다.
⑧ 교사는 학생과의 개별 접촉을 최대한 늘리는 것이 중요하다.

거꾸로 교실의 수업 방식이 새롭게 떠오른 이유는 학교에서의 학습이 비효율적이라는 것에서부터 시작되었다. 딱딱한 수업, 재미없는 수업으로 학생들은 학습에 참여하기 힘든 상황이었으며 학습에 따라가는 학생도 소수에 불과했다. 그 이유는 강의의 주체가 교사였고, 교사의 강의를 알아듣지 못하면 낙오가 되는 학생의 입장은 객체였기 때문이다. 거꾸로 교실은 강의의 주체는 학생이 되고 객체는 교사가 되는 수업 방식으로 바꾸는 운동이다. 교사가 주체가 될 경우 수업의 핵심 내용을 전달하기 위해 강의를 해야 하고, 학생들은 수업의 핵심 내용을 들어야 하는 입장에 놓이게 된다. 이럴 경우 학생들은 교사의 강의를 놓치지 않고 따라가기 위해 노력하게 되고 수업에서의 주도권은 교사에게 넘어가게 된다.

동영상으로 공부하는 이유는 현대의 학생들이 책이나 글보다는 동영상에 반응하기 때문이다. 이들은 컴퓨터와 스마트폰의 세대이기 때문에 동영상에 매우 익숙하다. 동영상 강의는 10분 미만으로 하고 아무리 길어도 15분을 넘기지 않는 것이 좋다. 학생들의 집중 시간이 그렇게 길지 않고 흥미를 지속하면서 보기 어렵기 때문이다. 더불어 가능하면 동영상이 한 주제를 집중적으로 다루는 것을 원칙으로 한다.

거꾸로 교실은 단순히 탭이나 스마트폰 등 디바이스를 학습에 적용하는 교육 방식이 아니다. 그동안 한국에서 진행된 스마트 교육은 교실 수업에 IT를 들여와 전자 칠판이나 디지털 교과서, 인터넷 망, 멀티 기기의 보급이라는 교육 환경의 개선이 중심이었다. 하지만 거꾸로 교실은 기존의 스마트 교육과는 그 지향성이 다르다. 거꾸로 교실에서 IT의 역할은 수업 내용을 학생들이 미리 볼 수 있는 수단으로서의 의미를 지닌다. 수업 시간은 교사의 창의적인 수업 방식의 기획과 학생들의 능동적인 참여와 활동에 의해 구성된다.

거꾸로 교실에서는 학생들이 활동 위주의 수업을 하기 때문에 지루해하지 않으며 재미있게 참여한다. 다양한 활동의 수업은 학생들의 참여를 유도하지 않을 수 없다. 학생들이 주체가 되어 즐겁게 참여하는 수업은 자연스럽게 성적 향상으로 이어진다.

거꾸로 교실은 2007년 미국 콜로라도 주에서 교사 조나단 버그만과 아론 샘이 시작하여 세계로 퍼진 새로운 수업 방식이다. '뒤집다'는 뜻의 단어 'flipped'와 교실을 이르는 'classroom'의 합성어로 우리나라 말로는 '거꾸로 교실', '반전 교실' 등으로 표현하고 있다. 이 방식은 교실에서 하는 강의식 수업을 동영상으로 만들어 학생들에게 집에서 미리 예습을 해 오도록 하고 교실에서는 아이들이 예습해 온 지식을 바탕으로 대화식 수업이나 토론 발표 수업, 개인별 질의응답 방식을 통해 지식을 심화·확장시키는 방식이다.

이때 교사는 활동지를 학생들에게 주어 학생들이 능동적으로 학습하도록 돕거나 학생들의 질문을 받고 어려워하는 학생들을 돕는다. 교사는 학생들에게 효과적인 학습이 일어나도록 발문을 던지고 학생들의 반응을 분석하며 새로운 생각을 하도록 돕는 촉진자로서의 역할을 한다. 이렇게 되면 수업 시간에 자는 아이들이 줄어들고, 수업에 재미있게 참여하게 되며, 친구 관계가 좋아지고, 실질적으로 학생들이 이해하는 정보의 양도 늘어나게 된다.

아이들이 스스로 예습함으로써 사전 지식을 갖고 오기 때문에 수업 시간에 인지작용이 훨씬 더 효과적으로 일어나는 것은 당연하다. 무엇보다 아이들의 적극성과 자신감을 촉진시키기 때문에 학습 효과가 클 수밖에 없다.

국내에서는 2012년 카이스트에서 처음 도입 후 최근에는 서울대 수학과 등에서도 본격적으로 도입하고 있다. KBS 〈파노라마〉 '21세기 교육혁명—미래 교실을 찾아서'에서 3부작으로 다루면서 널리 알려지게 되었다. 이 프로그램에서 거꾸로 교실을 활용하여 한 학기를 적용한 결과 성적이 56점 높아진 학생이 있었고 40점 이상 향상된 학생도 2명 있었다. 반 평균 역시 11.4가 올라갔다. 평균이 한 한기 만에 10점 이상 향상된다는 것은 매우 놀라운 일이다.

이 효과는 다른 이유가 아니라 교실에서 교사가 '가르침'을 내려놓았을 때의 결과이다. 흔히 교사는 자신의 핵심 직무를 '가르침'이라고 생각한다. 잘 가르치기 위해 수업을 설계하고, 교재 연구를 하고, 수업 계획안을 짜고, 여러 가지 수업 매체를 활용한다. 하지만 이런 모든 것들은 일방적인 수업 형태일 수밖에 없다. 학생 사이의 상호작용이 어려운 것이다. 학생들은 선생님의 가르침이 시작되자마자 너무나 익숙한 것이기 때문에 뇌가 반응하지 않는다. 그래서 저절로 졸음이 오고 한 사람, 두 사람 엎드려 자기 시작한다. 자지 않는 학생들은 옆 친구와 수다를 떤다. 교사가 가르치는 것이 중요한 것이 아니라 학생들 사이에 실질적인 배움이 일어나야 의미를 갖는다.

거꾸로 교실과 하브루타

머니투데이에서는 최근 교육의 핫 키워드로 거꾸로 교실과 하브루타를 꼽았다. 왜 거꾸로 교실과 하브루타를 함께 꼽은 것일까? 둘 사이에 역사적, 문화적으로 아무 공통점이 없지만, 실제적으로나 내용적으로는 아주 밀접한 관련이 있기 때문이다. 하브루타는 2000년이 넘은 유대인의 전통 학습 방법이고, 거꾸로 교실은 아주 최근에야 등장한 것이다. 그런데 거꾸로 교실을 적용하다 보면 실제 수업 시간은 하브루타의 요소가 거의 대부분을 차지할 수밖에 없다. 왜냐하면 하브루타가 학생끼리의 대화, 토론, 협력, 소통을 전제로 하고 있고, 거꾸로 교실 역시 학생 참여를 능동적으로 하다 보면 학생끼리의 대화, 토론, 협력, 소통할 수밖에 없기 때문이다.

거꾸로 교실이 중등 교사의 입장에서 좋은 점은 더 이상 똑같은 수업을 여러 반에서 반복하지 않아도 된다는 것이다. 주어진 시간에 핵심 내용을 전달한다는 압박감에 시달리지 않아도 된다. 어쩌면 교실에서 학생들이 모두 집중해서 듣는다면 핵심 내용의 전달 시간은 동영상 강의 시간과 비슷할지도 모른다. 하지만 교실의 수업 상황은 변수가 너무 많다. 어떤 한 학생을 지도하다가 수업 시간이 다 가버리기도 한다.

수업 내용을 이해하지 못하고 있는 학생들이 질문을 하면 한두 번 정도는 다시 설명할 수 있겠지만 그 학생이 완전히 이해할 수 있을 정도로 반복해서 설명해 줄 수는 없다. 그러나 동영상 강의는 핵심 내용을 잘 이해하지 못하고 온 학생이 있다면 강의를 여러 번 듣게 하여 완전히 이해하게 도울 수 있다.

거꾸로 교실에서는 학생들이 여기저기서 손을 들고 질문을 하기 때문에 수업 시간 내내 바쁘게 교실을 돌아다녀야 한다. 정말 살아 있는 교실이라는 것이 무엇인지 알게 되고 '아이들이 원래 이렇게 질문을 잘하는구나'라는 것을 느끼게 된다. 이렇게 수업을 하는데 성적이 오르지 않는 것이 이상한 것이다. 성적이 오르면 학생들은 성취감도 생기고 자신감도 얻게 된다.

이민경 교수는 거꾸로 교실에서 활용할 수 있는 수업 방법으로 또래 학습과 소규모 모둠 활동을 들었다. 그런데 이 두 방법 모두 짝 토론과 모둠 토론의 하브루타와 관련된다. 또래를 가르치는 학습법은 학업이 뒤처지는 아이들뿐만 아니라, 학습 능력이 뛰어난 아이들에게도 매우 효율적인 학습법이다. 내가 알고 있는 것을 다른 사람에게 설명하면서 가르치는 기회를 갖는다는 것은 자신의 지식을 명료화하고 객관화할 수 있는 기회를 주기 때문이다. 자신이 모르는 것과 알고 있는 것을 명확하게 알 수 있기 때문에 모르는 것은 다시 스스로 찾아가면서 공부할 수 있고, 그래서 완전히 아는 수준까지 도달할 수 있다.

더불어 또래 학습은 학생들의 상호작용을 높여 의사소통 능력과 협업 능력을 향상시킨다. 이는 21세기 핵심 역량인 4C를 향상시키는 것이다. 또래를 가르치는 것은 어떤 학생에게든 가장 효과 높은 학습이다. 특히 설명하는 학생에게 더욱 그렇다. 무엇보다 학습 능력이 상대적으로 떨어지는 아이들의 경우는 또래로부터 배울 때 자신들의 눈높이에 맞는 언어로 상호작용이 활발하게 이루어지기 때문에 많은 도움이 된다. 이는 공부를 잘하는 학생에게도 마찬가지이다. 친구 가르치기를 하면 주로 공부를 잘하는 학생이 손해 볼 것이라고 생각하지만 전혀 그렇지 않다. 왜냐하면 친구를 가르치면서 자신은 90%를 기억에 남길 수 있고, 공부했던 것들을 정리할 수 있다.

또 한 가지 거꾸로 교실을 운용할 때 교사가 활용 가능한 교실 수업의 형태로 소규모 모둠 활동을 들었다. 이는 지식의 이해 정도를 확인하기 위한 가장 효율적인 방법이다. 학생들이 미리 보고 온 동영상 내용을 옆에 앉아 있는 학생들끼리 짝을 짓게 하여 서로 질문을 하고 이에 대해 토의하거나 문제를 해결하게 하는 방법을 의미한다. 짝 지은 학생들이 함께 논의할 수 있도록 어느 정도 시간을 부여한 후에, 반 전체 학생들과 답변을 공유하기 위하여 학생들을 지명하고 그들의 답변에 다른 학생들이 의견을 말하는 방법을 사용할 수도 있다.

교육의 주체는 교사에게서 학생으로 옮겨지고, 학교는 가르침의 공간이 아닌 '배움의 공간'이 된다. 학생들은 점차 학교가 가르침이 아닌 배움을 위해 존재한다는 것을 깨닫게 된다. 배우는 방식을 스스로 선택하게 함으로써 학생들에게 힘을 주고 이로써 학생들은 학습이 자신의 책임이라는 것을 깨닫는다. 그래서 스스로 공부를 하게 된다. 모든 학생들은 한 동영상당 적어도 하나의 질문을 만들어야 하고, 그 질문을 모둠끼리 협력해서 해결해야 한다. 그러면 교실의 중심이 앞쪽이 아니라 중앙이거나 교실 전체가 된다.

2부

최고 공부의 조건

혼자 하는 공부 vs 함께하는 공부 | 듣는 공부 vs 묻는 공부 | 하나의 정답 vs 다양한 해답

조용한 공부 vs 떠드는 공부 | 외적 동기 vs 내적 동기

1장

혼자하는 공부
vs
함께하는 공부

동영상을 보며 크는 아이들 | 엄마와의 상호작용이 뇌를 개발시킨다
핀란드도 함께하는 공부가 핵심이다 | 너무도 미련한 한국의 공부 방법
아키타 산골 학교의 함께하는 공부 | 함께하는 공부가 훨씬 효율적이다
유대인은 아주 어릴 때부터 함께 공부한다

동영상을 보며 크는 아이들

기차나 버스 등에서 흔히 볼 수 있는 일은 부모가 아이에게 탭이나 핸드폰, 노트북 등으로 만화나 동영상을 보여주는 장면이다. 아이가 울거나 보채면 동영상을 아이에게 보여주고 부모는 핸드폰으로 게임을 하는 경우도 있다.

일로 바쁜 부모들은 아이를 많은 시간 동안 텔레비전이나 탭 앞에 앉혀 놓는다. 하지만 유아용 CD나 비디오, 동영상을 많이 볼수록 아이의 어휘력은 떨어진다.

아이의 두뇌는 점점 가장 많이 듣고 사는 언어의 음소를 인식하도록 훈련이 된다. 이 과정은 언어에 두뇌가 몰두하는 과정이다. 사용하지 않는 시냅스 연결들은 약해지고 흔히 사용하는 신경망은 강해진다. 워싱턴 대학교 쿨 박사는 아이들의 신경이 한 가지 언어에 집중되는 현상이 장기적으로 결코 나쁜 게 아니라는 것을 증명했다. 9개월 된 아이의 두뇌가 한 가지 언어에 보다 집중할수록 만 3세에 이르러 어휘력이 더욱 발달한다는 것이다. 반대로 두뇌와 한 가지 언어, 즉 모국어와의 관계가 약할수록 언어 발달도 빠르게 이루어지지 않으며 이후로도 지속적인 영향력을 행사한다.

쿨 박사는 연달아 아기들의 두뇌가 동영상이나 오디오를 통해서 외국어의 음소를 인식하는 법을 배우지 않는다는 사실을 연구를 통해 밝혀냈다. 아기들은 부모와 교사로부터만 배울 수 있다. 실제로 아기들의 두뇌는 인간의 언어에 매우 예민하다. 그래서 쿨 박사는 미국인 아기들을 중국인 대학원생들과 12번 정도의 수업을 받게 해 그전에는 들어본 적도 없는 중국어 음소를 인식하도록 훈련시키는 데 성공했다. 이 중국인 학생들이 실시한 수업이란 그저 20분 동안 아기들 옆에 앉아 중국어로 말하면서 놀아주는 것이었다. 1주일에 3번 총 1개월간 수업을 실시한 결과 이 아기들의 두뇌는 늘 중국어를 듣고 사는 중국에서 태어난 아기들만큼이나 중국어 음소를 잘 인식할 수 있게 되었다.

그러나 쿨 박사가 중국어로 녹음된 동영상이나 오디오를 아기 앞에 놔두었을 때에는 아기들의 두뇌가 아무것도 흡수하지 않았다. 이들은 의미 없는 소음을 들은 것이나 다름없는 반응을 보였다.

음성이나 문법과 같은 언어의 보다 복잡한 측면은 텔레비전을 많이 본다고 습득되지 않는다는 것이 연구 결과이다. 유아용 동영상이 화면의 추상적인 이미지와 상관없이 실체 없는 오디오 해설에 의존하기 때문이다. 연구 결과 사람 얼굴이 보이느냐 보이지 않느냐가 그 효과에 큰 차이를 보였다. 하지만 동영상에 사람 얼굴이 나온다고 해서 다 해결되는 것은 아니다. 아이들은 사람과의 상호작용을 통해 배우기 때문이다. 동영상은 아기가 내는 소리에 반응을 하는 상호작용을 할 수 없다.

아기들은 부분적으로 입술 모양을 읽고, 언어를 해독하는 법을 배운다. 그래서 사람들이 입술과 입을 움직여 말을 하는 모양을 지켜본다. 아기들이 어떤 단어의 의미를 이해하려면 그 전에 먼저 언제 한 단어가 끝나고 다음 단어가 시작되는지를 알아야 한다. 이러한 분절이 없으면 어른들의 말은 옹알이와 다를 바 없이 들린다.

아기들이 말하는 사람을 보면서 음성을 들으면 2가지 감각이 동시에 작용한다. 2가지 사건이 동시에 일어나면서 한 가지 흥미로운 대상에 관심을 기울이도록 유도하는 것이다. 이 순간이 바로 인간의 상호작용이다. 그 결과 아이는 보다 집중할 수 있고 사건을 기억하며 더 많은 것을 학습하게 된다.

02

엄마와의 상호작용이 뇌를 개발시킨다

텔레비전이나 동영상을 통해 아이는 언어를 배우기 어렵다. 일방적으로 주어지는 정보는 아이의 인성에 좋은 영향을 끼치지 않는다. 아이는 어렸을 때 사회성의 기초를 쌓고 인간관계의 골격을 짠다. 그런 사회성과 인간관계의 기초는 모두 부모와 아이의 상호작용으로 만들어진다. 어렸을 때 부모와 상호작용이 결여되면 애착이 안 되고, 사이코패스로 클 수도 있다.

유대인이 아이들에게 텔레비전 등 영상물을 보여주지 않거나 절제해서 보여주는 것은 크게 3가지 이유 때문이다.

첫째, 어려서부터 자극적인 영상물에 노출된 아이들은 자라면서 자극적인 것에 점점 더 무감각해진다. 그리고 웬만한 영상에는 자극을 느끼지 못하고 싫증을 느낀다. 점점 더욱 자극적인 영상을 원하게 된다.

둘째, 텔레비전뿐 아니라 인터넷 등 각종 영상 매체에 노출될수록 아이의 사고력이 크게 저하된다. 영상 매체는 뇌의 기능 중 종합 판단력을 주관하는 전두엽의 기능을 자극하지 않기 때문에 아이의 판단력과 분석력을 퇴화시킨다. 즉 영상 매체의 화면을 통해 들어오는 정보는 뇌의 시각피질로 전달된 후 종합 판단을 해야 할 전두엽을 통하지 않고 운동을 주관하는 뇌 영역으로 전송된다. 따라서 아이가 텔레비전이나 게임기 앞에 몇 시간씩 집중하고 앉아 있으면, 그 아이의 뇌로는 제대로 된 정보가 들어오지 않는다. 종합 판단 능력이 떨어져 머리가 텅 빈 상태가 되고 만다. 텔레비전을 바보상자라고 부르는 이유가 이것이다.

셋째, 아이가 영상 매체에 노출될수록 대인관계 능력을 개발하지 못하게 되어 사회성을 잃어버리게 된다. 영상 매체 중 DVD 등을 반복해서 보고, 게임을 계속해서 하면 아이는 자기가 보고 싶은 것만을 볼 수 있다고 생각하게 된다. 그 결과 아이의 언어 발달이 지연되고 다른 사람과 시선을 맞추지 못하게 되는 등 대인관계 기술도 터득하지 못한다.

그래서 유대인들은 아이에게 텔레비전이나 스마트폰 등을 접하는 나이를 최대한 늦추거나 줄인다. 심지어 아예 집에 텔레비전이 없는 유대인 가정도 많다.

상호작용을 하더라도 부모가 말을 많이 하는 것보다 중요한 것은 어떻게 반응하느냐이다. 복잡성과 다양성, 그리고 아기가 듣는 순전한 언어의 양은 확실히 언어 습득의 동력이 된다. 그러나 단지 언어를 많이 듣는 것이 필수적이고 지배적인 요소가 아니다. 부모가 해야 할 중심 역할은 아기에게서 어떤 소리가 나오는지 알아채고 제대로 반응하는 것이다. 사실상 아기의 말문을 터주는 것은 부모의 말이 아니라 아기의 말에 반응하는 부모의 시기적절한 사랑과 관심이다.

아이들의 말문이 빨리 터지고 얼마나 어휘력이 느느냐는 엄마가 아이의 발성과 탐색 과정에 얼마나 자주 빠르게 반응을 해주느냐에 좌우된다. 엄마가 얼마나 아이에게 자주 말을 걸고 말을 해주느냐가 아니고, 보다 중요한 것은 아기가 먼저 시작한 말에 얼마나 엄마가 잘 반응을 보였느냐의 여부이다. 부모와 아기의 상호작용에서 아기의 부름과 엄마의 반응 양식을 통해 아기의 두뇌는 자기 입에서 나온 소리가 부모에게 영향을 미치고 주의를 끈다는 것을 배우며 목소리를 내는 것이 무척 중요하다는 것을 깨닫는다. 아이에게 대상과 말이 관계가 있다는 것을 알리려면 아기가 대상을 보거나 직접 잡았을 때 곧바로 그에 해당하는 언어를 들려주는 것이 효과적이다.

아이의 발성에 관여하는 근육은 무려 80개나 된다. 이 근육들을 통제하는 데 완전히 숙달되려면 1년 이상의 시간이 필요하다. 이런 것을 도와주려면 아이와 엄마가 상호작용을 늘리는 방법이 최고이다. 아기가 어떤 옹알이를 하든 그것에 대해 격려하면서 아이를 쓰다듬어 주고 안아주면 효과는 더 커진다. 아기와의 스킨십만으로도 옹알이의 빈도와 성숙도는 높아진다.

아기가 대상을 응시하며 손가락질을 하거나 발성을 할 때 엄마가 적절한 반응을 해주면 그 힘은 더 커진다. 이때 부모는 아기의 관심을 간섭하거나 먼저 지시해서는 안 된다. 오히려 아이의 주도에 따라야 한다. 적절한 시간에 정확한 명명이 이루어지면 아기의 두뇌는 그 소리와 대상의 관계를 확고하게 형성하게 된다.

부모들은 아기들이 문법을 배우기 전 특정 수의 단어를 먼저 습득해야 한다고 생각하기 쉽다. 그러나 완전히 반대다. 문법이 어휘를 이끈다. 아이들은 명사나 동사를 먼저 익히는 것이 아니라 통상적으로 문장의 맨 마지막에 들려오는 단어에 집중한다. 그래서 한국의 경우 명사보다 동사를 더 많이 그리고 더 빨리 배운다.

언어든, 사회성이든, 인성이든, 인간관계든 모두 그 기초는 부모와 아이의 상호작용이다. 아이와 부모의 상호작용이 아이의 미래를 결정한다.

03

핀란드도 함께하는 공부가 핵심이다

핀란드의 교육은 협동, 토론, 체험으로 유명하다. 그 어디서든 여러 명이 짝을 지어서 공부한다.

핀란드는 아이를 낳아 교육하는 데 국가가 거의 모든 책임을 진다. 핀란드는 어머니가 아이를 낳으면 그 아이를 돌보고 바르게 교육시킬 책임이 국가와 자치단체에도 있다고 믿는다. 아이가 서로 도울 줄 알고 소통하고 협력할 줄 알며 지적 능력과 함께 상대방을 존중하여 건강한 젊은이로 자라나는 것이야말로 국가의 가장 큰 이익이요, 재산이라고 생각한다.

핀란드는 추운 겨울에 어린아이를 밖에서 재운다. 어리둥절하겠지만 사실이다. 정부에서 영하 15도 이하이면 금지하라고 막을 정도로 일반 가정에서 일반화되어 있다. 이들은 아이를 유모차에 태워 밖에서 재운다. 밖에서 자야 산소를 충분히 마실 수 있고 머리도 좋아지고 참을성도 높아진다는 것이다.

아이가 건강검진을 받고 예방주사를 맞을 때 언제부터 앉기 시작했는지 손으로 물건을 잡기 시작한 건 언제인지 간호사가 일일이 체크한다. 그러면서 동시에 그림 보고 말하기, 도형 옮겨 그리기, 공 던지고 받기, 구슬 꿰기 등의 지적 능력을 검사한다. '아스텐 네우블라'라는 이름의 이 성장 발달 기록은 조기교육을 시키기 위해서가 아니라 뒤처지는 아이들을 발견하여 대처하기 위해서다. 핀란드 교육의 목적은 영재를 키우는 데 있지 않고 뒤처지는 아이가 생기지 않도록 배려하는 데 있다.

초등학교에 들어가서 적응할 수 있는지 없는지, 그림을 그릴 수 있는지 없는지, 집중력이 있는지 없는지를 검사하는데 그중에서도 집중력을 가장 중요하게 생각한다. 학교에서도 집중력이 부족하다 싶으면 보충 교육을 통해 집중력을 다시 기르도록 지도하고, 집에서도 놀면서 집중력을 기를 수 있도록 도와준다. 블록을 가지고 놀거나 다른 놀이를 하면 부모는 아이에게 방해가 되지 않게 자리를 비켜 주거나 조용히 있는다. 하루에 2번 정도는 밖에서 1~2시간씩 뛰어 놀게 하는데 그 이유는 일정한 에너지를 소모하고 돌아와야 차분해진다고 생각하기 때문이다.

유치원은 점심식사 뒤 12시부터 2시까지 잠을 재운다. 3시 반부터 엄마가 찾아온다. 간식을 먹고 엄마가 찾아올 때까지 아이들은 밖에서 논다. 영하 15도까지는 밖에서 노는 것이다. 핀란드에서는 미리 언어 공부를 시키지 않는다. 초등학교에 들어가기 전까지 글을 가르치지 않는다. 선행 학습을 시키면 오히려 집중력이 떨어진다고 믿는다. 한국 교민이 선행 학습을 시키면 핀란드 담임 선생님이 골치가 아프단다. 다른 핀란드 아이들은 1시간 걸려 푸는데, 한국 교민 아이들은 5분이면 다 풀어 버리기 때문이다. 그러나 나머지 시간에 친구를 괴롭히고 산만해진다. 자만심만 깊어진다.

초등학교에 들어가면 1~2학년에서 핀란드어를 제대로 가르치는데, 모국어를 잘해야 선생님 말도 잘 알아듣고 숙제도 잘하고 수학도 잘한다고 생각하는 것이다. 모국어 교육 다음으로 강조하는 것이 집중력 교육이다. 심지어 보충 수업까지 보내 집중력 교육을 시킨다. 개인 수업까지 하며 집중력을 기르고자 노력한다. 아이가 공부를 못하는 것은 집중하지 못해서라고 생각하기 때문이다.

핀란드 부모들은 아이들이 잘 놀 수 있도록 배려한다. 핀란드 사람들의 절반 이상은 별장을 가지고 있다. 대부분 호숫가 부근에 있다. 방학 3개월 동안에 친구 별장에 놀러 가서 함께 논다. 핀란드 아이들은 장난감 하나를 가지고 몇 시간씩 집중해서 논다.

핀란드에는 학원이 없다. 핀란드 사람들은 영어를 잘하는데 TV에서 외화를 방영할 때 더빙하는 것이 아니라 원어 그대로 방영하고 자막을 넣기 때문이다. 아이들이 한눈에 읽을 수 있는 자막이 늘어나고 있다. 아이들이 영어로 듣고 발음도 직접 경험하기 때문에 빨리 읽고 이해한다.

핀란드 가정의 특징은 놀이다. 놀이는 끈기, 인내, 건강을 증진시킬 뿐만 아니라 작은 공동체를 형성하여 사회성과 협동심, 사고력, 비판력, 문제 해결 능력을 기르게 한다. 아이들은 자연환경과 함께 풍부한 상상력을 기르고 친구들과 게임을 통하여 여러 가지를 배운다.

핀란드에서는 그룹을 지어 협동으로 학습하는 것이 보편화되어 있다. 아이들은 모둠을 이루어 서로 배우고 가르친다. 학습 진도는 빠르기도 하고 늦기도 하다. 모든 아이들이 함께 가도록 배려하기 위해서다.

핀란드는 예술교육을 중요하게 여긴다. 어린이를 위한 예술회관이 곳곳에 있다. 18세까지의 아이들은 이곳에서 각종 예술 활동에 참여한다. 예술은 보이지 않는 것을 보이게 한다. 학생들은 직접 망치를 들고 의자를 만들고 책상을 만든다.

핀란드 교육은 철저하게 유치원에서 시작되고 영유아 교육을 중시한다. 철저히 아이를 중심에 놓고 교육한다. 여성의 취업을 돕기 위해 유아교육을 하는 것이 아니라 그 시기의 교육이 가장 중요하기 때문에 중시한다. 유치원에서는 실내 활동이 중심이 아니라 대부분 밖에서 활동한다. 거의 노는 것이다. 아이들이 밖에서 놀 때 충분한 에너지를 발산하게 되고 그러면 아이들이 공부할 때 차분해지고 학습에 집중도 잘하고 밤에도 잘 잔다고 보기 때문이다. 유치원에서는 거의 모든 시간을 바깥에서 놀고, 자고, 미술과 음악과 같은 예술 활동에 참여한다.

핀란드에서 모든 교육은 학원이 아닌 학교에서 이루어진다. 교사와 아이와 부모가 상의해서 어디까지 공부할 것인지를 정하고, 그 합의한 목표에 도달했는가를 측정하는 것이 이 나라의 평가이다. 목표에 도달하면 다음 목표를 정하고, 도달하지 못했으면 다시 협의해서 정한다. 학생마다 진도가 다른 것은 개인별로 학습 속도가 다 다르다고 생각하기 때문이다. 학습 원칙 중 중요한 것이 협력이다. 공부는 모둠을 만들어 서로 협력하며 배운다. 친구는 경쟁 상대가 아니라 협력하는 존재이고, 내가 넘어야 할 것은 친구가 아니라 내 자신이라고 가르친다.

경쟁과 협동은 자녀의 행복을 위한 2개의 수레바퀴이다. 인간에게 경쟁은 숙명인지 모른다. 우리 뇌 속에서도 이러한 경쟁이 벌어지고 있다. 3~5세에서 가장 활발하게 일어나는 뉴런의 자연적인 죽음은 경쟁에 실패한 뉴런을 걸러내는 과정이다. 10대 아이들의 전두엽에서 활발하게 일어나는 시냅스의 가지치기 역시 효율적인 신경망을 구축하기 위해 경쟁에서 뒤떨어진 것을 쳐내는 작업이다. 이처럼 우리 인체 내에서 일어나는 수많은 현상들도 경쟁이라는 틀 안에서 벌어진다. 인간은 어려서부터 경쟁을 하면서 성장한다. 형제자매끼리 경쟁하고, 유치원과 학교에서 경쟁한다. 경쟁은 승리와 패배를 가른다. 승리의 달콤함을 알기에, 그리고 패배의 쓰디쓴 고통을 몸으로 체험하기에 경쟁에서 이기기 위해 노력한다. 아이들이 살아갈 세계는 경쟁이 더욱 치열한 공간이다. 이런 경쟁에서 가장 중요한 것은 공정성이다.

경쟁이 우리에게 숙명이긴 하지만, 경쟁이 심화되면 그 부작용 역시 만만치 않다. 경쟁은 필연적으로 상처를 남긴다. 지나치게 경쟁하다 보면 많은 에너지가 소진되고 실패할 경우 정신적으로 고갈되어 회복이 어려워지기도 한다. 또 지나친 경쟁은 내적 동기를 떨어뜨린다. 공정한 규칙이 없이 적절하게 조직화되지 않은 경쟁은 필연적으로 개인에게 모든 책임을 떠넘기면서 개인을 불안하게 만든다. 게다가 불안해하는 부모들을 더욱 자극해서 상업적으로 이용하려는 세력들이 득세할 경우에는 상황이 더 악화되고 경쟁의 건강한 역할까지 사라져 그 후유증은 커지고 만다.

건강한 경쟁은 공정성을 전제로 했을 때만 가능하다. 공정한 경쟁은 자기 자신을 더 발전시키고 싶다는 자아성취 욕구를 자극한다. 그리고 깨끗한 패배를 배우게 하여 자신을 돌아보는 내면 성찰의 기회를 갖게 하며 승자를 존경하게 만든다. 이는 사회에 활력을 불어넣고 발전 가능성을 높이는 역할도 한다.

하지만 이 세상은 혼자 힘으로 살아갈 수 없다. 경쟁만으로 살아갈 수도 없다. 경쟁을 통해 행복해지기는 어렵다. 행복은 관계에서 오기 때문에 공동체 속에서 협동하지 않으면 행복한 삶이 불가능하다. 한국 사람들의 사교육 경쟁이나 명품에 대한 집착은 모두 남의 눈을 지나치게 의식한 결과다. 남을 의식하는 것 역시 경쟁 문화에서 온 것이다.

공부는 협동을 전제로 한 경쟁이 가장 바람직하다. 핀란드나 유대인 교육이 성공한 이유는 협동을 기반으로 했기 때문이다. 하브루타는 짝과의 협동을 기반으로 하여 그 내면에 경쟁을 숨겨 놓은 시스템이다. 우리는 토론이나 논쟁에서 이기고 싶어 한다. 그래서 짝과의 토론은 협동과 경쟁이 함께 하는 가장 효율적인 시스템이다.

너무도 미련한 한국의 공부 방법

2008년 한국직업능력개발원의 조사에 따르면, 한국 중고생들의 '학습 효율화 지수'는 OECD 30개 회원국 중 24위에 불과했다. '학습 효율화 지수'는 PISA 점수를 학습 시간으로 나눈 수치다. 이 수치가 낮다는 것은 책상 앞에 앉아 있는 시간에 비해서 성적이 낮다는 의미다. PISA 자료에 따르면 우리나라의 주당 학습 시간은 49.43시간으로 OECD 평균인 33.92 시간보다 15시간 이상 높다. PISA 발표에서 한국 학생들의 학업 성취도가 늘 최상위권을 기록한 것 역시 중요한 대목이지만, 이는 책상 앞에 앉아 있는 시간이 워낙 길어서 나온 결과일 뿐이다. 효율성은 최하위권인데 성적은 최상위권을 기록했다는 것은 한국 학생들이 세계에서 가장 미련하게 공부한다는 말이다.

티처보이란 말이 있다. 이 말은 교사 없이는 스스로 전혀 공부하지 못하는 학생을 말한다. 한국 학생들은 학년이 올라갈수록 스스로 공부하는 능력이 떨어진다. 사교육을 많이 받을수록 스스로 공부하는 능력은 낮아진다. 과도한 사교육이 오히려 진짜 학력을 떨어뜨린다. 일방적으로 '떠먹여 주는' 교육에 지나치게 의존하면 아이 스스로 생각해서 지식을 흡수하고 문제를 해결하는 능력은 점점 떨어지게 된다.

지식 경쟁력은 청소년들의 머릿속에 있는 지식의 총량보다 '학습 효율화 지수'가 더 중요하다. 되도록 적은 시간을 들여서 많은 지적 활동을 수행할 수 있어야 '경쟁력'이 있다고 할 수 있다. 그러므로 최하위권을 기록한 '학습 효율화 지수'는 효율적으로 일하는 지식 노동자를 원하는 기업가나 채용자에게는 좋은 것이 아니다.

누구나 자기 주도 학습이 정답인 것을 안다. 하지만 경쟁에 시달리는 학생이나 학부모에게는 전혀 귀에 들어오지 않는 말이다. 경쟁하는 교육을 바꾸지 않으면 자기 주도 학습은 구호에 그치기 쉽다. 핀란드가 세계적으로 손꼽히는 교육 선진국이 된 것은 경쟁이 아닌 협력을 강화한 결과다. 소수 엘리트만을 분리하여 가르치려는 발상은 잘못이다. 다양한 능력을 가진 학생이 함께 모여 배울 때 진정한 교육이 가능하다. 학교 안에 다양성이 깃들어야 한다는 것은 어느 사회에서나 통하는 원칙이다. 학교는 곧 사회의 축소판이기 때문이다. 획일적인 기준으로 걸러진 균질한 학생들로 채운 학교들을 입학 기준의 높낮이에 따라 줄 세우는 방식인 '학교의 다양화'가 아니라 평준화된 학교 안에 다양한 학생들이 모이게끔 하는 '학생의 다양화'가 더 중요하다.

학교는 다양한 학생과 어울리는 법을 배우는 곳이다. 그런데 우수한 학생끼리만 어울리게 한다면 그것은 교육이 아니다. 또 우수한 학생들이 빠져나가면 나머지 학생들이 모인 학교는 어떻게 되겠는가. 그렇게 특정 부류의 학생들을 분리해서는 학교 시스템이 정상적으로 운영될 수 없다. 다양성은 매우 중요한 개념이다. 하지만 그것은 '학교의 다양화'가 아닌 '학습의 다양화'로 구현되어야 한다. 핀란드에서는 학생들의 능력과 적성, 흥미에 따라 다양한 학습 경로가 제시된다. 각기 다른 학습 경로를 따르는 학생들이 같은 학교에서 어울리기 때문에 교육 효과는 더욱 커진다.

학교 간 서열화 현상을 낳을 수 있는 '학교의 다양화' 대신 평준화 체제를 유지하면서 '학습의 다양화'를 추구하는 것이다. 정부가 교육과정 편성에 대한 권한을 교사들에게 이양하는 게 관건이다. 핀란드에서는 교사들이 자율적으로 교육과정을 편성한다. 그래서 교사들이 직접 학생들의 수준을 파악하여 다양한 교육과정을 제시한다. 같은 과목이라도 학생의 관심과 능력에 따라 다른 과정을 선택할 수 있도록 하는 것이다. 이렇게 하면 평준화 체제 안에서도 충분히 다양성을 구현할 수 있다.

핀란드가 교사로 하여금 자율적으로 다양한 교육과정을 편성하게 된 것은 1970년대부터다. 2차 대전 직후부터 20년 가까운 기간 동안 토론을 거친 끝에 내려진 결론이라서 어떤 정권이 들어서도 함부로 바꾸기 어렵다.

교사가 자율적으로 교육과정을 편성할 수 있게 된 배경에는 교사를 신뢰하는 사회 분위기가 있다. 여느 유럽 국가들과 비교할 때 핀란드 교사의 수준은 높은 편이다. 그래서 자부심도 매우 강하다. 외국에서는 대학 교수들이 누리는 권리인 교육과정 편성권을 핀란드 교사들이 가지게 된 것은 이런 자부심과 신뢰 때문에 가능했다.

핀란드의 경우 학생들이 지망 대학을 결정할 때 가장 큰 변수로 작용하는 것은 '친구'다. 함께 어울리는 친구들이 선호하는 대학에 진학하려는 경향이 두드러진다. 물론 어느 대학을 나왔는지, 혹은 어떤 전공을 택하여 어떤 직업을 얻었는지에 따른 차이가 작기 때문에 생겨난 현상일 수도 있다. 핀란드 사회 분위기에서는 우리나라처럼 학교에 등수나 석차를 부여하는 것은 매우 비교육적이라고 생각한다.

경쟁은 아이들을 바보로 만든다. 경쟁이 있는 한 순위를 매기는 것, 즉 서열화 현상을 피할 수 없다. 경쟁은 교육에 매우 해롭다. 학교는 학생들이 경쟁하는 곳이 아니라 '교육 협력체'다. 학생들은 경쟁이 아니라 서로 협동하는 과정에서 더 많이 배운다. 따라서 학교 안에서 지나친 경쟁이 빚어지지 않도록 주의해야 한다. 우선 경쟁에 대한 부담은 사고력을 약화시킨다. 깊은 생각을 할 여유가 사라지기 때문이다. 그리고 다른 사람과 협동하는 능력을 기를 기회가 줄어든다. 또 경쟁에서 뒤처진 학생은 지나치게 심한 스트레스를 겪는다.

이런 스트레스는 심각한 문제다. 공부는 즐거운 일이다. 그런데 심한 스트레스를 받으면 공부를 고통으로 여기게 된다. 물론 핀란드는 이웃 국가들이 경쟁을 강화하는 교육제도를 도입하고 있다는 사실을 알고 있다. 경쟁이 가진 순기능이 있다는 점을 부정하지는 않는다. 하지만 적어도 핀란드에서는 학생들을 고통으로 몰아넣는 경쟁은 잘못이라는 인식이 지배적이다. 또 아직까지는 경쟁을 배제하고 협력을 강조하는 방식이 충분히 성공적이었다.

핀란드는 1918년 러시아로부터 독립할 당시부터 국민 교육에 대한 관심이 뜨거웠다. 독립 이전부터 핀란드인들은 '교육은 모든 사람을 위한 권리'라는 구호를 외쳤다. 현재까지 이어지고 있는 무상교육과 통합 교육이라는 원칙의 뿌리이기도 하다. 한국에서 '통합 교육'은 주로 장애 학생과 비장애 학생을 함께 교육하는 것을 일컫는 말로 쓰인다. 반면 핀란드에서는 한국에서 통용되는 뜻 이외에 성적이 우수한 학생과 그렇지 않은 학생을 함께 교육한다는 뜻도 포함한다. 요컨대 장애—비장애 학생의 통합 교육과 한국의 평준화 정책이 합쳐진 개념인 셈이다.

05

아키타 산골 학교의 함께하는 공부

    SBS 스페셜 〈아키타 산골 학교의 기적〉이 방영된 적이 있다. 인구 2천 7백여 명에 불과한 작은 마을의 유일한 초등학교인 히가시나루세 초등학교가 사교육 열풍이 불고 있는 도쿄 등을 제치고 전국 1위 학력을 과시하자 일본 전역이 들썩였다. 이 학교는 학생 수가 121명인데 주변에 학원이라고는 찾아볼 수 없는 전형적인 산골 학교다. 그런데도 이 학교가 일본 학교의 모델이 되고 있는 이유는 자기 주도 학습이 가능한 교육 환경 때문이다.

    올바른 교육 환경을 만들기 위해 학교와 지자체, 마을 공동체 주민들이 힘을 합쳐서 아이들과 함께 노력한다. 여기서 3가지가 중시된다. 첫째는 스스로 공부하는 습관이고, 둘째는 열정적인 선생님과 낙오자 없는 교실이며, 셋째는 원칙을 가르친다는 점이다.

아이들마다 숙제의 내용이 다른 자율 복습 노트를 통해 학생들이 집에서 스스로 공부하는 습관을 길러주는 자기 주도 학습이 체계화돼 있다. 가정학습을 독려하기 위한 자율 복습 노트에 아이들 자신이 해야 할 공부를 스스로 선택해 과제를 해오면 교사가 꼼꼼히 검토하고 지도하는 방식이다.

그들만의 독특한 수업 방식과 낙오자가 없도록 기초적인 부분에 집중 투자하는 것은 아이들 전부 좋은 점수를 받게 하려는 것이 아니다. 사회생활을 하기 위해서 자립할 수 있도록 기초를 지도하고, 함께 같이 가자라는 취지가 있다.

또 원칙을 가르친다는 점에서 놀라운 것은 아이들이 길을 가다가 차가 지나가면 차를 보며 인사를 한다는 사실이다. 차 안에 누가 타고 있는지는 모르지만 동네 어르신이겠거니 하고 인사를 한다는데, 학교에서 시키는 것도 아니고, 학생들 스스로 하고 있다고 한다. 쓸데없는 것은 가르치지 않고, 기초적인 내용은 누구에게나 정확하게 가르치고, 나머지는 스스로 학습하게 하면서 자신이 하고 싶은 것을 찾게 하는 교육이다.

이 학교는 작은 학교라는 특징을 살려 영어와 수학 등의 수업을 소인수 학습으로 지도하고, 교사 2~3명이 함께 수업하는 팀 티칭 방식을 도입했다. 팀 티칭을 통해 학생 개개인의 수준에 맞는 수업 진행이 가능하고, 기초학력 부진 학생에 대한 개별지도가 가능해 학력 신장을 꾀할 수 있는 구조를 갖고 있다. 예를 들어 4학년 수학 수업 시간에 보조 교사를 포함해 3명의 교사가 34명의 학생들을 대상으로 팀 티칭 방식으로 수업을 한다.

여기서 가장 흥미로운 점은 학생들이 '서로 서로 배우기'를 통해 자기가 이해한 내용을 친구들에게 설명하고, 그것을 다시 교사에게 설명하는 수업 방식이다. '서로 서로 배우기'는 이해력을 증진하고 학습이 부진한 학생들의 학력 신장에도 도움이 되는 교육 방식으로 시사하는 바가 크다.

이 학교의 요시히로 콘노 교장은 이러한 수업 방식을 탁구형 수업과 농구형 수업에 비유해 설명했다. 탁구형 수업이 교사와 학생 간 상호작용만을 중시하는 반면, 농구형 수업은 교사와 학생 간 그리고 학생과 학생 간 상호작용이 유기적으로 발생하도록 하는 수업 방식이라는 것이다. 모두 교사와 학생, 학생과 학생 사이의 소통이 강조되는 수업이다.

06

함께하는 공부가 훨씬 효율적이다

인류가 새로운 환경에 적응하고 새로운 문제를 해결할 때 서로 돕지 않았다면 인간들은 살아남지 못했을 것이다. 다른 사람과의 협력이 생존을 가능하게 한 것이다. 굶주린 호랑이를 경계하는 사람이 한 명보다는 그 이상이 있는 것이 항상 더 나았으며, 맘모스를 공격할 때도 한 사람보다는 여러 명이 있는 것이 더 나았다. 생존 본능에 맞게 학생들이 집단이나 팀으로, 3명이나 2명이 함께 공부하는 것이 인류 생존 코드에 맞는 것이다. 협력은 그들의 본성을 드러낸다. 협력이 학업 생존을 위해 중요하다는 것을 학생들이 몸으로 체험하는 것이 공동체를 살아가는 데도 훨씬 좋은 것이다.

교육은 실제 삶과 직결될수록 강한 힘을 갖는다. 그래서 체험 중심의 실질적 학습이 중요하다. 실질적 학습이란 학생들로 하여금 현실 사회의 문제를 다루는 상황 및 학생과 관련된 프로젝트에서 탐구하고 토론하며 개념과 관계를 의미 있게 구성하게 하는 교육이다. 실질적 학습은 실제적인 문제들과 주제들을 다룰 뿐만 아니라 학생들로 하여금 팀워크나 공동 작업, 기술, 그리고 과정과 해결책의 전문적인 발표 등을 포함한 현실 사회에서 사용되는 여러 가지 방법을 학습에 활용하도록 만든다. 실질적 학습 경험은 학생들의 능동적인 참여를 독려하고 다른 사람들이 실제로 원하고 필요로 하는 의미 있는 결과물을 내기 때문에 학생들의 동기를 증진시킨다.

학생들은 배우는 과정이 역동적이고 의미가 있으며 자기 삶과 연관되어 있을 때 활기를 띤다. 학생들이 지식을 수동적으로 받아들이는 전통적인 학습 환경은 실제 생활에서의 학습 환경과 상반된다. 의미가 없는 곳에서의 수업은 참여율이 저조하고 학습 전이를 방해한다.

우리는 말할 수 있기 때문에 생각할 수 있고, 말하는 방식으로 생각한다. 토론 수업은 학생들끼리 할 때가 좋다. 가장 좋은 것은 가능한 한 학생들은 토론에 참여하고 교사는 있는지 없는지 의식 자체가 안 되게 하는 것이다.

학생에게 사회적 특성을 반영한 교육은 훨씬 더 성공적이다. 학생들은 토론하고 비판하며 배운 것을 실제 생활에 연관시킬 수 있을 때 학습이 더 의미가 있고 기억하기 쉬우며 세상을 이해하는 데 더 수월하다. 전통적인 수업 방법과 비교하여 토론은 통합, 응용, 평가 등을 포함한 고차원의 반성적 사고와 창의적인 문제 해결 능력을 끌어낸다. 능동적인 토론을 통해 배운 정보는 강의를 통해 배운 것보다 일반적으로 더 잘 유지된다.

직장에서 자신의 생각을 표현하지 못하면 직장 생활이 위태로워질 수 있다. 직업 세계에서는 다른 사람이 불러주기만을 기다리고 있으면 자신의 생각, 제안, 질문 및 관심 등을 아무도 알아주지 않는다. 어떤 수준에서든 주변의 주의를 끄는 것은 자신의 생각, 제안, 관심을 앞에 나서서 밝힐 수 있느냐에 달려 있다.

대학에서 배우는 중요한 것들 중 하나가 동료들의 다른 관점과 의견에 귀기울이는 방법이다. 이는 학생들이 사고방식을 개발하고 다듬는 중요한 방법이다. 연구 결과들은 토론에 의해 학습이 개선된다는 명확한 사실을 입증한다. 학생들은 강의보다 토론에서 더 많이 배우고 더 많은 것을 기억한다.

직장에서 성공하기 위한 중요한 기술은 사람들과 대화하고 경청하는 능력이다. 인간에게 가장 중요한 능력은 인간관계이다. 대화와 경청은 어떤 직업에서든 가장 기본적으로 행하는 활동으로 토론은 이 둘의 기술을 훈련하는 가장 좋은 방법이다.

사회에서 대부분의 업무는 팀과 집단 단위로 이루어진다. 소집단이나 대집단 토론에서 다른 학생들과 어울려 협력하는 방법을 배우는 것은 특히 외향적이지 않거나 혼자 일하는 것을 좋아하는 성격의 학생에게 협동심을 배울 수 있는 좋은 기회가 된다.

토론은 비판적 사고력을 길러준다. 교실에서 이루어지는 토론이 허용하는 안전한 환경에서 분석, 통합, 평가 등을 위한 사고력을 연습하는 것은 매우 중요하다. 교실에서는 우리 학생들이 실수를 저질러도 괜찮지만, 사회에서는 그렇지 않다.

다른 사람의 의견에 반박, 동의하는 것은 효과적인 의사소통을 위해 매우 중요하다. 토론은 반대, 도전, 동의하는 방법을 연습하는 기회이다. 이런 능력은 그들이 장기적으로 성공하기 위한 중요한 요소이다.

함께하는 공부는 학생들에게 생각을 분명히 하고 사고를 정리할 기회를 준다. 토론에서 정보를 공유하기 위해서는 그것에 대해 말해야 한다. 그렇게 해야 다른 사람들이 피드백을 줄 수 있고 그때 비로소 자신이 생각하고 있는 것이 일리가 있는지, 인정받을 수 있는지 또는 문제 해결을 위한 최선의 방법인지 알 수 있다.

함께 공부하면 같은 공간에 있는 학생들이 시선, 몸짓, 비언어적 행동 등을 통해 자신을 드러내기 때문에 훨씬 더 뛰어난 의사소통을 경험할 수 있다.

우리는 이제 교사 강의 중심의 수업이 학생 스스로 답을 구하고 찾는 능동적인 역할을 감소시키므로 실제로는 학습 효과를 떨어뜨린다는 것을 알았다. 교사가 답을 가지고 있다고 생각하는 학생들의 인식은 종종 효과적인 토론을 방해하는 데 일조한다. 그런 학생들은 입을 다물고 있거나 모르는 것처럼 행동하면, 대부분 교사들이 답을 줄 것이라고 생각하기 때문이다. 결과적으로 학생들은 대부분의 교사가 가만히 있지 못하고 정답을 알려주면서 침묵을 깨리라는 것을 알기 때문에 토론하는 동안에 '기다리는 법'을 배운다.

여러 명이 토론하는 것보다 짝 토론이 유용한 이유는 짝 토론은 구성원 모두가 참여할 수 있기 때문이다. 보통 모둠 토론에서는 구성원들이 모둠 활동에 기여하지 않기 위해 기회를 살핀다. 사람들 속에 숨어서 아무것도 하지 않으로써 일에 따른 결과를 피할 수 있다고 생각하는 학생이 생기는 것이다. 또 대집단 토론에서 구성원 중 누군가는 자신의 기여도가 많은 사람들 속에 묻혀 인정받지 못할 것이라고 느낄 수도 있다. 어떤 학생들은 기여하는 사람들이 너무 많기 때문에 자신의 노력은 불필요하거나 인정받지 못할 것이라고 생각한다.

혼자 하는 공부는 지루하기 쉽고 집중이 어렵지만, 함께하는 공부는 즐겁고 재미있다. 혼자 하는 공부는 소통을 배우기 어렵지만, 함께하는 공부는 소통, 협력, 배려, 공감, 타협, 협상 등을 자연스럽게 배울 수 있다. 혼자 하는 공부는 친구를 만들기 어렵지만, 함께하는 공부는 친구가 저절로 생긴다. 혼자 하는 공부는 단순히 외우는 작업만 하기 쉽지만, 함께하는 공부는 직접 말로 하고 체험하고 서로 도우면서 공부하기 때문에 훨씬 오랫동안 기억에 남는다.

단순한 문제 풀이 공부라 하더라도, 문제집을 혼자 푸는 것과 친구와 함께 읽으면서 맞히는 게임으로 하는 것을 비교해 보자. 함께 문제를 읽어주고 맞혀 보면 재미있고 즐겁다. 서로 모르는 것은 바로 가르쳐 줄 수 있다. 시간은 적게 걸리고 재미있게 공부하는데, 아는 것은 훨씬 많아진다.

07

유대인들에게 태교의 핵심은 태담이다. 태담은 산모와 태아가 이야기를 나누는 것이다. 태교도 일방적인 것이 아니라 함께하는 것이다. 잠자기 직전에 엄마나 아빠가 아이 방에 가서 이야기를 들려주며 아이와 이야기를 나눈다.

유대인은 그들의 경전인 토라에서 '네 자녀를 부지런히 가르치라'고 명령했기 때문에 부모가 아이를 가르치는 것은 신에 대한 순종으로 받아들이고 하나의 종교 행위이기도 하다. 그래서 그들에게 자녀와 부모가 함께 공부하는 것은 일상이고 너무나 자연스러운 것이다. 그리고 그 방법은 '길에 있든 집에 있든 일어서 있을 때든 누워 있을 때든 아이와 이야기를 나누는 것'이다.

유대인의 자녀 교육은 질문과 토론을 통해 자립심을 기르게 하는 것이다. 유대인 가정의 식탁에서는 아이들이 거리낌 없이 부모와 의견을 나누고 부모들은 아이들의 의견 하나하나에 귀를 기울인다. 부모는 자녀가 하루 동안 있었던 일들에 대해 귀담아 듣고 자녀는 자신에게 하루 동안 있었던 일들에 대해 논리 정연하게 이야기하며 잘 모르는 부분이 있으면 질문하는 것을 잊지 않는다. 이 과정에서 부모는 자녀에게 정답을 알려주지 않는다. 정답은 아이 스스로 찾도록 도와줄 뿐이다.

릴리의 아버지 힐 마골린은 매일 저녁 자녀들과 식사를 함께 한다. 그는 무슨 일이 있더라도 자녀들과 저녁식사를 하며 대화를 나눈다. 이 시간에 자녀들은 교과서에서 배우는 것보다 더 중요한 것을 배우게 된다. 자녀들이 대학 입학을 앞둔 중요한 시기에도 이런 대화를 멈추지 않았다.

이런 밥상머리 대화에 대해 한국의 부모들은 너무 바쁘기 때문에 어렵다고 말한다. 부모도 바쁘지만 아이들도 바쁘다는 것이다. 하지만 그것은 우선순위의 문제다. 유대인 부모들은 한국의 부모들보다 훨씬 바쁘다. 이스라엘의 대부분의 여성들은 일을 가지고 있다. 1가지 직업이 아니라 2~3가지 직업을 가지고 있다. 하지만 자녀와의 저녁식사와 대화가 그 어떤 일보다 중요하다고 생각하기 때문에 그 일을 우선하는 것이다. 그 시간에는 그 누구와의 약속도 잡지 않고, 걸려오는 전화도 받지 않는다.

이런 밥상머리 대화를 통해 아이들로 하여금 아이 스스로 사고하는 습관을 기르도록 돕는다. 무엇을 선택하거나 고를 때도 스스로 결정하게 하고 자신이 내린 결정에 스스로 책임감을 갖게 하는 것이다. 그래서 밥상머리 대화는 아이의 사고력과 자립심을 기르는 공간이다. 유대인 교육의 특징은 현재 자신의 위치를 알고 주위 사람과 관계를 형성하며 유대인으로서의 정체성에 자부심을 갖도록 하는 것이다.

이렇게 밥상머리에서 눈을 맞추고 대화하는 것은 자녀가 엇나가는 것을 막아준다. 눈을 맞추고 대화하는 것에 대해 대개 너무나 당연한 것으로 생각할 지도 모르겠다. 하지만 평소에 얼마나 자주 아이의 눈을 바라보면서 다정하게 이야기하는 시간을 보내는지 생각해 보면 그런 시간이 얼마 되지 않는다는 것을 알 수 있다. 눈을 서로 맞춘다는 것은 매우 중요하다. 함께 눈을 보고 이야기를 나누는 것은 몰입하는데 매우 효과적인 방법이다. 정신이 건강하지 않고 심리가 안정되지 않거나 두려움이나 불안이 있으면 상대방과 눈을 맞추면서 이야기하기 어렵다. 부모가 자녀와 눈을 맞추고 이야기를 나누면 아이는 부모가 자신에게 집중하고 있음을 느낀다.

2장

듣는 공부 VS 묻는 공부

말은 생각을 부른다 | 호기심 있는 질문이 공부의 출발이다 | 언쟁과 논쟁은 다르다

아이비리그 중도 탈락률 44% | 하버드도 질문과 토론의 공부다

세계는 비판적 사고력을 중시한다 | 교육은 안에서 밖으로 끌어내는 것

01

말은 생각을 부른다

우리는 어린아이에게 '순하다, 얌전하다, 말을 잘 듣는다'라고 칭찬한다. 아이가 어릴 때 말을 하지 않고 조용히 있으면 얌전하다고 칭찬한다. 엄마에게 좋은 아이는 잘 자고 보채지 않고 귀찮은 질문을 하지 않는 아이다. 어른들이 아이에게 당부하는 말은 "엄마 말 잘 들어라"와 같이 어른 말에 순종하면서 조용히 지시에 잘 따르라는 말들이다.

하지만 유대인들은 말을 잘 듣고 순하고 착한 아이가 나중에 커서 훌륭한 어른이 된다는 생각을 하지 않는다. 가장 먼저 병원에 데리고 가는 아이가 말을 잘 하지 않는 아이다. 조용하고 순하고 얌전하며 자기표현을 하지 않는 아이를 부모는 가장 걱정한다. 왜냐하면 자신을 표현하면서 살아가는 것이 무엇보다도 중요하기 때문이다. 자신을 표현하지 않으면 자신을 세상에 알릴 수도 없고, 자신을 부각시킬 수도 없다.

언어는 인간만이 가진 고유한 것이다. 동물들은 소리를 내지 말을 하지 않는다. 동물들과 인간이 다른 점은 언어가 있고 없고의 차이다. 언어가 있기에 사고가 존재하고, 그렇기에 만물의 영장이다. 언어가 없이 사고는 불가능하다. 한 번 시도해 보자. 언어가 없이 생각이라는 것이 가능한지. 그러므로 아이에게 생각하게 한다는 것은 곧 말하게 하는 것이다. 혼자 생각할 수도 있지만 말을 해야 생각이 정리된다. 말한 것을 서로 나누어야 생각이 깊어진다. 말이 생각을 부른다. 그래서 교사와 아이, 부모와 아이의 대화는 아이를 사고하게 하는 가장 강력한 방법이다.

아버지가 온종일 아이와 함께 놀이동산에서 놀았다고 하자. 아버지는 아이 대신 줄을 서주고, 아이가 좋아하는 놀이기구를 즐길 수 있도록 최선을 다해 헌신할 것이다. 그러나 그 과정에서 아이와 말 한 마디도 하지 않았다면 아이와 부모는 가까워진 것이 아니다. 아버지는 자신을 위해 헌신하는 사람이다. 가끔 장난감과 먹을 것을 사주는 사람이다. 그런 경험밖에 없는 아이는 심지어 아버지를 노예 같은 존재로 생각할지도 모른다.

우리가 다른 사람과 가까워지기 위해서 가장 먼저 하는 것은 차를 마시거나 밥을 함께 먹는 것이다. 처음 만난 사람과 밥을 함께 먹고 차를 마셨다고 하자. 그러면 그 사람과 친해진 것인가? 그 둘 사이에 대화가 없었다면 그것은 의미 없는 시간이다. 차를 마시고 밥을 먹는 것이 사람 사이의 관계를 긴밀하게 해주는 것이 아니다. 그것은 함께 이야기를 나누기 위한 수단이다.

아이와 놀이공원에 가든, 공을 차든 그 과정에서 끊임없이 부모는 자녀와 대화를 나누어야 둘 사이가 가까워진다. 박물관이나 전시관에 가서 많은 것을 보고, 많은 것을 관람하고, 많은 것을 체험한다고 아이의 사고가 개발되는 것이 아니다. 노스케롤라이나 대학교의 오른스타인 교수 팀에 의하면 3세 아이들 중에서 엄마와 전시물에 대해 대화를 나누지 않은 아이들은 본 것에 대해 거의 기억하지 못했다고 한다. 대조적으로 엄마와 아기가 전시물에 대해 대화를 나눈 경우에는 아이가 상대적으로 많은 것을 기억했다.

호기심 있는 질문이 공부의 출발이다

KBS 〈공부하는 인간〉에 출연했던 하버드생들은 대치동의 교육을 돌아보고 한결같이 대치동식 교육은 하버드에서 통하지 않는다고 말한다. 대치동 아이들은 영어로 자유롭게 말하고 발음도 좋고 문법적으로도 훌륭하다. 초등학생들도 유창하게 영어를 구사한다.

미국에서 태어난 한국인 스캇 임에게도 토론 없이 책상에만 앉아서 공부하는 모습은 너무 낯설었다. 한국 학생들이 '좋은 인생은 바로 명문대 입학'이라고 말하는 것에 대해 매우 놀라워했다.

그들은 한결같이 공부하는 시간의 양을 중요시하지 않았다. 공부는 생각

166

하는 것이므로 책상에 앉아서 하기도 하지만 걸으면서, 대화하면서, 혼자 생각하면서 하는 것이기 때문이다. 깊게 생각하고, 질문하는 것이 무엇보다 중요했다. 한 가지라도 제대로, 한 권의 책이라도 깊이 있게, 아는 것을 중요시한다. 그들에게 가장 중요한 것은 지적 사고 능력과 이를 표현하는 기술이다. 그래서 자신의 의견을 말이나 글로 표현하는 것에 중점을 두는 것이다.

'질문하면 답이 나온다. 질문은 생각을 자극한다. 질문하면 정보를 얻는다. 질문을 하면 통제가 된다. 질문은 마음을 열게 한다. 질문은 귀를 기울이게 한다. 질문에 답하면 스스로 설득이 된다.'

도로시 리즈가 말하는 질문의 7가지 힘이다. 한국은 듣는 것을 강조하지만 유대인은 질문을 권장한다. 탈무드를 활용한 교육 방식으로 부모는 자녀에게 질문하는 데 익숙하고, 자녀는 질문을 받으면 합당한 답을 얻기 위해 생각하게 되면서 지능이 개발된다. 평생에 걸쳐 이런 과정이 이뤄지면서 다른 민족은 따라올 수 없는 유대인만의 탁월한 교육이 완성된다.

어떤 것을 기억하도록 요구하는 질문은 대답을 쉽게 이끌어 낼 수 있겠지만, 학생들의 참여를 능동적인 참여로 이끌어 내기는 어렵다. 다양한 답변을 허용하고 암기보다는 깊은 수준에서 생각하도록 격려하는 개방형 질문이나 확산형 질문은 수렴적 사고를 요구하는 폐쇄형 질문보다 토론을 촉진하는데 효과적이다. 학생들의 암기력보다는 깊이 있는 사고가 필요한 질문에 의미 있게 반응할 확률이 더 높아진다는 것을 의미한다.

유대인들에게 그대로 외우고 그대로 받아 적는 일은 있을 수 없다. 그들은 아무리 훌륭한 가르침이라 하더라도 일방적으로 전해지는 것이라면 의미가 없다고 생각한다. 유대인에게 있어 공부란 상호 소통을 전제로 하기 때문이다. 그래서 이들에게 좋은 교사는 지식을 잘 전달하는 사람이 아니다. 아이들에게 생각하게 하고 질문하게 하고 깨닫게 하며 실천으로 이끌어 주는 멘토 역할을 하는 사람이다. 유능한 교육자는 잘 가르치는 자가 아니라 학생 스스로 잘 배울 수 있도록 도와주는 사람이다.

『천재가 된 제롬』을 쓴 에란 카츠도 "유대인 학생들은 재미가 없으면 자리에서 벌떡 일어나 세상에서 가장 중요한 문제에 대해 이야기하듯이 선생님과 동료들에게 질문을 던지고 논쟁을 벌인다. 호기심을 갖고 질문하는 자세를 가져야 한다. 질문하기야말로 지식을 얻는 가장 좋은 방법이다"라고 말한다. 유대인들이 노벨상을 많이 받고 두각을 나타내는 이유는 학교에서 언제나 질문하도록 격려하고, 토론 수업을 치열하게 하기 때문이며 무엇이든지 질문하는 습관이 지식 습득의 가장 좋은 방법이라고 여기기 때문이다. 눈으로 책을 읽으면서 얻은 지식은 쉽게 잊게 되지만, 질문하고 토론해서 얻은 지식은 머릿속에서 잘 지워지지 않는다.

한국 사람들이 원래 질문이 없었던가? 전혀 아니다. 아이는 질문의 대가다. 아이들은 끊임없이 호기심 가득한 얼굴로 부모가 귀찮아할 만큼 끊임없이 질문을 한다. 그런데 이런 질문들이 점점 사라진다. 부모가 성실하게 대화하지 않았거나 교사 역시 그런 질문을 오히려 막았기 때문이다. 아이들은 점차 질문하지 않게 되고, 정답만 찾게 된다. 세상에 대한 호기심이 줄어들면서 자발성과 자기 동기도, 자기 주도 학습도 사라진다.

릴리의 아버지 힐 마골린은 유대인이 노벨상을 많이 받는 핵심 비결은 호기심 있는 질문의 문화에 있다고 말했다. 힐 마골린이 릴리와 식탁에서 가장 많이 한 게임이 'why game'이다. 서로 번갈아 가면서 '왜'가 들어간 질문을 던진 후에 서로 끊임없이 대화하고 토론하는 게임이다.

한국 학교에서 가끔 토론하고 발표하고 체험 학습도 하지만, 그 목적은 가르치고자 하는 내용을 잘 전달하는 데 목적이 있지, 학생들이 얼마나 흥미를 느끼고 필요한 내용을 자기 것으로 만들었느냐에는 관심이 없다. 그것은 학생 각자의 책임으로 돌린다. 우리 아이들은 암기력과 정답을 귀신처럼 찾아내는 능력, 단답형 형태로 알고 있는 지식을 답변하는 능력이 매우 탁월하다. 모두 시험을 위한 것이고 대학 입학이나 취업을 위한 것이다. 하지만 공부에 대한 즐거움과 스스로 좋아서 하는 동기를 길러주지 못함으로써 수능이 끝나면 책을 불태워 버리고, 취업만 하면 책과 담을 쌓는 사람들이 많아진다. 탐구하지 않고 책을 멀리하고서 어떻게 국제 경쟁력에서 이길 수 있을까?

언쟁과 논쟁은 다르다

우리는 논쟁에 대해 상당히 부정적이다. 그게 다툼이라고 생각하는 것이다. 토론을 할 때에 거의 하려고 하지 않는다. 우리나라 방송에서의 토론은 대부분 토론이 아니다. 토론은 자기 견해를 펼쳐서 어떤 합의점을 도출하는 것이다. 우리는 거의 순서대로 시간을 정해 놓고 자기주장을 반복할 뿐이다. 대부분 언쟁이다.

언쟁과 논쟁은 전혀 다르다. 언쟁은 감정을 가지고 말싸움하는 것이고, 논쟁은 논리로 다투는 것이다. 어떤 주장을 하려면 반드시 근거가 있어야 하는데 그 근거가 타당할수록 지지를 얻는다. 논쟁은 근거로 다투어 근거가 보다 탄탄

하고 논리가 분명한 쪽에 승복을 하는 것이다. 그래서 논쟁은 타협이나 협상으로 이어진다. 언쟁은 끝나면 서로 사이가 더 나빠지고, 논쟁은 끝나면 더 사이가 좋아져야 한다.

논쟁은 서로 멈추지 않는 한 끝없이 이어진다. 그렇다면 언제까지 논쟁을 해야 할까? 깊은 수준에 도달할 때까지 하면 된다. 이 과정에서 패자는 없다. 모두가 승자이다. 체력을 단련하기 위해 체육관이 있는 것처럼 유대인에게는 두뇌를 단련하기 위한 공간인 도서관 '예시바'가 있다. 유대인들은 논쟁을 아무리 격렬하게 얼굴을 붉히면서 했다 하더라도 끝나면 아무 일도 없었다는 듯이 바로 팔짱을 낀다. 상생하는 것, 그것이 하브루타이다.

논쟁은 반대를 위한 반대를 하는 것이 아니다. 논쟁을 하면 서로 얼마나 이해했는지 스스로 알게 되고 상대방의 의견도 알게 된다. 바다의 표면만 보면 깊이를 가늠할 수 없다. 바다의 깊이를 알아가는 단계가 논쟁이다. 바다 속으로 들어가 보면 표면에서 보는 것과 달리 바다의 깊이가 어느 정도인지 알 수 있다.

우리는 토론이나 논쟁에 익숙하지 않기 때문에 자신의 능력을 비판하면 인격을 비판하는 것으로 받아들인다. 유용한 비판이라 하더라도 보통 자기를 무시한다고 여기거나 심지어 모욕으로 간주한다. 이렇게 비판을 인격에 대한 것으로 받아들이면 자신에게 도움이 될 수도 있는 어떤 피드백에도 마음을 열지 않기 때문에 개선의 기회는 없어진다.

비판은 인격에 대한 비판이 아니며 성장과 개선을 위한 도움의 말이라는 것을 아는 것이 중요하다. 실제로도 비판을 통해 성장하고 개선할 수 있다고 믿는다. 또한 비판은 현재의 능력 수준에 대한 것이므로 시간과 노력이 바꿀 수 있다고 생각한다. 토론과 논쟁을 자주 해야 비판을 비난으로 받아들이지 않는다. 그래야 상대방의 말에 격하게 반응하지 않고 논리로 대응한다.

하브루타는 서로 동등한 입장에서 논쟁하는 것이다. 한 명이 자기가 주장하고자 하는 내용을 듣고 상대방은 그것이 틀렸다는 것을 논리를 대서 반박한다. 이것은 서로 정확한 근거와 논리성에 바탕을 두고 상대방을 존중하는 동등한 입장에서 의견을 주고받는 지속적인 과정이다. 이러한 과정 속에서 서로 배움이 이루어지게 되는 것이다. 몇 시간이나 하루에 끝날 수도 있지만 며칠 또는 몇 달씩 걸릴 수도 있는 과정이다.

유대인들이 그 어디서나 협상을 잘하고 금융 및 경제 분야에서 세계 최고가 되는 데에는 이유가 있다. 그들은 가정, 학교, 기업 등에서 하브루타를 통해 협상하는 방법을 자연스럽게 배우기 때문이다. 작고 사소한 문제에서부터 큰 문제까지 서로 치열하게 토론하고 논쟁하다 보면 협상의 기술이 저절로 터득되는 것이다. 유대인들과 대화를 하다 보면 그들의 논리를 이기기 어렵다고 생각하는 경우가 많은 것도 바로 그들이 어려서부터 자연스럽게 협상가로 키워졌기 때문이다. 협상 능력도 길러지는 것이지 저절로 생기는 것이 아니다.

04

아이비리그
중도 탈락률 44%

집에서 인터넷 강의나 과외 교사에게 듣는 교육을 받고, 또 학교나 학원에서 교사에게 듣는 수업을 받은 학생이 밤잠 안자고 공부해서 한국인의 지상 목표인 미국 아이비리그에 입학했다고 하자. 그런데 이렇게 어렵게 들어가고도 10명 중 4.4명이 중도에 학업을 그만둔다. 즉 입학생 중 44%가 중도 탈락한다는 것이다. 재미 교포인 김승기 박사는 컬럼비아대 사범대 박사 논문인 「한인 명문대생 연구」에서 1985~2007년 하버드와 예일, 코넬, 컬럼비아, 스탠퍼드 등 14개 명문대에 입학한 한인 학생 1400명을 분석한 결과 이들 중 56%인 784명만 졸업을 하고 나머지는 중간에 그만둬 중퇴율이 44%에 달한다고 밝혔다. 이는 유대인 중퇴율 12.5%, 인도인 21.5%, 중국인 25%보다 훨씬 높은 수치다.

우리는 입시 위주의 교육에 매달리다 보니 인격적인 수양이나 창의적인 사고를 갖추지 못하는 경우가 대부분이다. 즉 들어가는 데만 노력을 기울이지, 들어간 다음에 어떻게 공부할 것인지, 그 대학이나 학과가 정말 자신에게 맞는 것인지 생각하지 않는다는 것이다.

미국 대학에서는 거의 대부분 서로 토론하고, 대안을 제시하고, 그룹으로 프로젝트를 진행하고, 실제 현실에 적용해 보는 등 수업이 다양한 형태로 진행되기 때문에 책상에 앉아서 공부만 한 한국 학생들이 따라가기 어렵다. 또 부모에 의해 떠밀려 공부해서 그런 명문대에 들어간 경우 내적 동기가 약하기 때문에 자신이 공부할 의미를 찾지 못하고 방황하다가 떠밀려 나오게 되는 것이다. 이들은 거의 대부분 부모나 학원 교사에 의해 '만들어진 우등생'이라는 사실이다.

필자가 보기에 한국 학생들이 아이비리그 탈락률이 높은 이유는 공부 방법 때문이다. 그들이 아이비리그에 들어갈 때까지의 공부 방법과 들어간 후의 공부 방법이 다른 것이다. 혼자 책과 씨름하면서 많이 외우는 것이 공부라고 생각하고 열심히 그 방법으로 10년 넘게 해온 학생들이 갑자기 토론과 논쟁, 팀 프로젝트 등으로 공부하기는 어렵다. 수재들만 모인 곳이라 약간만 뒤지면 금방 뒤처진다. 책만 많이 읽어간 아이들이 지식이 있을지 모르지만, 그 지식을 내 것으로 만들고 내 의견으로 만든 경험이 없다. 아이비리그에서는 책에 있는 내용을 외우고 그것을 그대로 말하는 것보다는 저자가 왜 그렇게 썼는지를 더 중시한다. 책이나 교과서의 지식들은 모두 남의 의견이다. 내 의견이 없는데 어떻게 토론이 가능할까?

하버드도 질문과 토론의 공부다

하버드대와 예일대를 비롯한 아이비리그 교수와 학생의 30% 정도가 유대인들이다. 그러니 모든 수업이 토론일 수밖에 없다. 그들의 삶이 모두 질문과 토론이기 때문이다. 유대인들은 도서관 좌석에 앉은 사람들이 모두 목소리를 높여 떠들면서 공부한다. 이곳에서는 대부분의 사람들이 책상 위에 책을 산더미처럼 쌓아두고 다른 사람들과 치열하게 토론을 벌인다. 예시바의 책상들은 둘 이상이 마주보고 앉도록 놓여 있어서 어느 누구도 혼자 공부할 수 없다. 예시바는 질문을 매개로 한 토론과 논쟁의 공부를 중시하는 유대인들의 교육 문화를 집약해 놓은 곳이다.

그런데 더 흥미로운 것은 이곳에서는 서로 모르는 사람들끼리 치열하게 논쟁을 벌인다는 사실이다. 서로 초면인데도 지속적으로 파트너를 바꾸어 가며 토론을 벌이고, 나이도 전혀 상관하지 않는다. 그들에게 중요한 것은 오로지 토론 주제에 관심이 있느냐, 없느냐이다. 이러한 도서관 문화를 통해 유대인들에게 공부란 상호소통을 의미한다는 것을 알 수 있다.

우리는 그 어떤 방법보다 서로 얼굴을 맞대고 대화와 토론을 벌일 때 그 지식이 더 잘 전달되는 것을 경험하곤 한다. 상대의 표정과 심리를 읽어가며 그 내용을 전달하면 효과가 더 크다. 유대인들은 부모와 자녀 간에 서로 얼굴을 맞대며 모든 것에 대해 대화와 토론을 벌이는데, 상호소통의 방법이 부모와 자녀 모두에게 산지식으로 남게 된다.

우리의 교육 방법을 어떻게 바꾸어야 할까? 학생과 학생, 교사와 학생 사이에 상호작용이 늘어나고 소통하는 방법, 즉 함께하는 공부로 바뀌어야 한다. 어떤 조사 결과를 보니 교사들은 학생들의 답을 듣기 위해 단 3초밖에 주지 않는다고 한다. 과연 3초 동안 학생들이 어떤 생각을 할 수 있을까? 이것은 학생들에게 생각하는 시간을 주는 것이 아니라 기억을 떠올리는 시간을 준 것에 불과하다. 기억하고 있는 것을 떠올리는 것은 이미 알고 있는 것을 떠올리는 것이므로 창조나 새로운 지식과 상관이 없다.

유대인 학교에서는 학생들에게 교사가 질문을 던지고 학생들이 스스로 원하는 대답이 나올 때까지 기다려준다. 학교의 교육 방법 자체가 어떻게든 학생들이 생각을 많이 하게 하는 쪽으로 초점이 모아져 있다. 토론을 하려면 학생들은 자료 조사와 생각을 많이 해야 한다. 자료가 많다고 토론을 잘할 수 있는 것은 아니다. 그것을 자기 것으로 만들어야 하고, 자기 논리를 개발해야 가능하다.

교사가 학생들에게 정답을 가르치는 교육을 하게 되면 강의와 설명, 암기라는 방법을 동원하게 된다. 하지만 삶을 살아가는데 정답이 있는가? 여러 선택이 있을 뿐이다. 그런 선택을 잘하는 것이 성공과 행복의 삶으로 이끈다. 선택을 잘하려면 안목과 통찰력 같은 고등 사고력이 필요하다. 사고력은 학생들이 스스로 생각해야만 길러진다. 그래서 교사는 학생들 스스로 답을 찾을 수 있도록 도와주는 역할에 멈추어야 한다. 학생들이 말을 많이 해야 하고 활동을 많이 하게 해야 한다. 순간순간 학생들이 스스로 답을 찾도록 만들어야 사회에 나가서 문제가 발생했을 때 스스로 해결 방안을 찾아 성과를 창출하는 창의적 인재가 될 수 있다.

유대인 학교에서는 학생들에게 스스로 문제를 찾고 해결하는 과정을 익히면서 어떠한 문제가 발생해도 스스로 답을 찾을 수 있게 한다. 아이들은 로봇이 아니다. 농구 코치는 선수를 위해 골대에 공을 던지지 않는다. 공을 던지는 사람은 선수, 학생이다. 답을 찾아야 하는 사람은 교사가 아니라 학생이어야 한다. 농구 코치가 공을 직접 넣지 않는 것처럼 교실에서의 일상적인 가르침도 답을 찾아가는 틀만 제공하면 된다.

유대인 교육은 인성 교육이 기본이다. 유대교에 바탕을 두고 철저하게 어려서부터 인성 교육을 시킨다. 또한 하브루타 방식의 토론 교육 문화는 아이들로 하여금 경청하고 배려하고 공감하고 협상하고 의논해서 합의점을 찾고 더 좋은 논리에 승복할 줄 아는 학생들을 저절로 기르게 만든다.

KBS 〈공부하는 인간〉에 출연했던 제니 마틴, 스캇 임, 릴리 마골린, 브라이언 카우더는 하버드가 세계적인 대학이 된 이유로 하나같이 토론식 수업이라고 입을 모았다.

토론식 수업을 하기 위해 하버드는 입학 전형까지 바꿨다고 한다. 하버드 대학교 교정은 어디를 가든 시끄럽다. 이곳저곳에서 항상 논쟁 중이다. 교수에게 질문하거나 학생들끼리 논쟁을 한다. 뭔가 고민이 있어 결정이 필요할 때도 혼자 고민하기보다는 항상 토론을 한다. 의견이 다른 사람들과 이야기하다 보면 뭔가 '아!' 하는 깨달음을 얻게 된다. 혼자는 생각하지 못한 세계와 관점을 들을 수 있어 사고의 폭이 자연스럽게 넓어진다. 서로의 문화와 사고가 섞이면서 창의적인 생각이 떠오른다.

토론을 통해 다른 의견을 수용하고 최적의 결론을 내는 것은 굉장히 중요한 공부이다. 다양한 의견을 조율하고 창의적인 해결책을 찾다 보면 자기도 모르는 사이에 훌륭한 리더십을 키우게 된다. 그것이 바로 하버드가 원하는 인재상이다. 수백 개의 토론 동아리와 수많은 토론 수업 속에서 다양한 배경을 지닌 학생들이 모여 자신의 세계를 드러내고 서로 영감을 주고받는 것이다.

혼자 공부해서는 이제 글로벌 인재로 성장할 수 없다. 암기한 지식은 모두 컴퓨터나 스마트폰에 다 있는 시대다. 핵심은 고등 사고력과 인간관계에 기초한 소통과 협력이다. 우리의 혼자 공부하는 습관을 함께하는 공부로 바꿔야 국가가 살 수 있다.

06

세계는 비판적 사고력을 중시한다

현재 세계의 교육 현장에서 가장 핵심적인 교육 목표로 내세우는 것은 비판적 사고력이다. 현재 선진국에서는 비판적 사고를 고등교육의 최대 덕목으로 여길 정도다. 영국의 최고 명문 옥스퍼드 대학이나 케임브리지 대학에서 이뤄지는 교수와 학생 간 일대일 '튜토리얼'의 핵심도 비판적 사고의 함양이다. 모든 교육기관도 비판적 사고의 중요성을 절감하고 있다. 실제로 1995년 캘리포니아 내 68개 대학을 조사한 결과 이 중 89%가 '교육의 핵심은 비판적 사고력 기르기'라고 답했다. 하브루타는 비판적 사고력을 기르는 가장 좋은 방법이다.

끊임없이 질문하고 의문을 품는 유대인의 습관은 2000년이 넘는 긴 역사를 가지고 있다. 유대인들은 난해하거나 축약되어 뜻이 모호한 내용의 텍스트들을 이해하기 위해 철저하게 파고든다. 의문을 품고 질문을 던지는 이런 습관은 과거뿐만 아니라 현재에도 비판적으로 사고하는 힘을 기를 수 있도록 도와준다.

비판적인 사고력이 있으면 정보를 능숙하게 파악하고 그 정보가 어느 정도 중요한지를 알 수 있게 된다. 정보의 진정한 가치를 판단할 수 있게 된다. 맥락에 따라서 정보는 아주 중요한 것일 수도 있고 전혀 쓸모없는 것일 수도 있다. 따라서 정보를 얻게 되었을 때 이러한 구분을 정확하게 할 수 있어야 한다. 비판적으로 생각하는 능력은 새로운 발견과 진보를 이뤄내는데 있어 매우 중요한 역할을 담당한다. 그 능력은 정보를 발견한 사람으로 하여금 특정한 사실이 진실인지 아닌지를 알아낼 수 있도록 도와준다. 이론을 검증할 때 사용하는 방법을 통해 진실임이 밝혀지거나 실험 및 검증 절차를 통해 터무니없는 것으로 밝혀질 수도 있다. 비판적인 사고 능력을 충분히 습득하지 않으면 어떤 하나의 정보가 다른 정보들과 잘 들어맞는지를 파악할 수 없게 되고, 그 정보 또한 제한적으로 받아들이게 되어 결국 그 정보는 무의미한 것이 되고 만다.

정보를 곧이곧대로 받아들이는 것보다 과연 이것이 옳은지 비판적으로 사고하는 아이가 창의적인 인간으로 성장한다. 아이에게 비판적으로 생각하는 힘을 길러주는 방법은 다양하다. 가장 좋은 방법은 토론하는 것이다. 토론은 주어진 주제에 대해 깊이 있게 생각하는 것을 필요로 한다. 토론을 하면서 경청하는 힘을 길러지게 되고 상호 존중의 태도 역시 육성된다. 생각이 나와 다르다고 해서 그것이 틀린 것이 아니라 다른 것이라는 점을 체험을 통해 알게 된다. 토론하기 위해 자기주장을 뒷받침하는 논거를 대야 하기 때문에 명민한 지성을 기를 수 있고 순간순간 민첩하게 대응할 수 있는 힘을 함양할 수 있다.

토론을 준비하면서 요즘은 수많은 정보를 컴퓨터를 통해 접할 수 있다. 그런 모든 정보를 활용할 수도 없기 때문에 자신의 주장에 맞는 정보를 선택해야 한다. 그래서 정보를 보고 판단하고 선택할 수 있는 눈이 자연스럽게 길러지게 된다. 이렇게 정보를 보고 골라내는데 필요한 것이 비판적 사고력이다. 그 정보를 비판적으로 점검하고 질문을 하고 그 정보에 들어 있는 숨은 의미를 파악해야 하기 때문이다.

토론을 하는 동안 상대방의 말에 논리적 비약이나 불일치나 모순 등이 있는지 주의 깊게 생각하면서 들어야 한다. 그리고 항상 질문을 던질 채비를 갖추어야 한다. 누군가가 특정 주제나 저자, 연구, 정책에 대해 말한다면 그가 그 주장을 입증할 수 있도록 질문을 던져야 한다. 이런 과정에서 자연스럽게 비판적인 사고력이 길러지고 사고의 폭도 넓힐 수 있다.

중요한 점은 비판적 사고력은 우리나라처럼 듣기만 하는 공부로는 기를 수 없다는 점이다. 비판적 사고력은 청소년기에 가장 집중적으로 육성된다. 그런데 우리는 그 중요한 중·고등학교 시기인 6년 동안을 듣고 외우기만 한다. 그래서 이 시기를 기점으로 우리나라와 유대인이 역전되는 것이다.

07

교육은 안에서 밖으로 끌어내는 것

동양은 암기를 통해 공부하고 서양은 질문을 통한 대화와 토론을 통해 공부한다. 이 두 문명은 서로 다른 공부 방법으로 수많은 성취와 문화적 유산을 남겼다. 두 공부 방법은 각각의 장점과 단점을 가지고 있지만 지금 세계의 흐름은 질문과 토론의 길로 가고 있다.

공동체와 관계성을 중시하는 동양 사회에서 가장 바람직한 인간상은 남들에게 긍정적인 인상을 주고 다른 사람과 조화롭게 살 수 있는 사람이다. 그래서 자신의 능력이나 재능이 다른 사람보다 월등해도 이를 자랑하거나 드러내지 않는다. 자신의 능력을 과시하고 표현하는 것은 겸손하지 못한 교만한 행동이다. 반면 개인과 독립성을 강조하는 서양 사회에서는 개인의 만족과 행복이 최우선이다. 그들이 개인의 만족과 행복을 추구하는 이유는 자존감이 훼손되는 것을 극도로 꺼리기 때문이다.

이런 배경으로 동양은 어떤 사안을 놓고 비판적인 사고를 하고 질문을 하며 논쟁하는 것은 부적절한 것으로 생각하고, 서양은 그 반대로 생각한다. 서양인들은 끊임없이 묻고 답하는 과정에서 최고의 아이디어가 나온다고 믿기 때문이다. 그들은 아이를 교육할 때 부모나 교사가 전달하는 지식을 그대로 습득시키기보다는 이에 대해 의문을 가지고 질문을 하도록 유도한다.

동양에서는 지식이 밖에 있다고 생각한다. 내 밖에 있는 지식을 습득하는 것이 공부다. 그래서 자신보다 먼저 공부해서 지식을 많이 알고 있는 사람에게 배우는 것이다. 세상에 있는 지식을 최대한 많이 습득하기 위해 읽고 외우고 들었다. 그 대표적인 것이 책이고, 성현의 말씀이다. 우리는 책을 끊임없이 외웠고, 그 말씀을 지당한 것으로 여기고 따르는데 초점을 두었다.

반면 그리스 시대부터 서양은 전투의 능력과 함께 논쟁의 능력, 또는 변증의 능력을 남자의 능력이라고 여길 만큼 논쟁을 중시했다. 지식은 세상 밖이 아니라 내 안에 존재한다고 믿었기 때문에 끊임없이 질문을 하면서 진리를 추구했다. 소크라테스의 질문을 강조하는 산파법이 등장한 것도 이 때문이다. 질문을 통해 스스로 답을 찾도록 유도하는 것이다. 소크라테스가 이런 교육 방법을 강조한 이유도 지식을 이끌어 낼 수 있다고 생각했기 때문이다.

영어에서 교육을 뜻하는 educate도 그 어원의 뜻은 '안에서 밖으로 이끌어 내다'이다. 서양은 개인의 가치를 매우 중시하는 문화이기 때문에 개인의 가치

형성에 영향을 미치는 지식도 이미 자기 내부에 존재한다고 믿고, 이를 찾기 위해 끊임없이 질문하고 토론과 논쟁을 벌인다. 안에서 밖으로 끌어내려면 학생들이 표현을 해야 한다. 표현하는 방법은 말, 글, 그림, 노래, 몸짓 등이 있다. 가장 쉽고 강력한 방법이 '말'이다.

헤츠키 아이엘리는 '하브루타는 유대인들이 스승 없이도 스스로 배울 수 있는 방법을 찾다 보니 나온 방법'이라고 말한다. 유대인들은 수천 년 동안 수많은 핍박을 받으면서 살아왔다. 독립된 국가도 없이 외부의 박해 속에서 살아왔다. 그들은 이러한 환경에서 최대한 자신들이 가지고 있는 것을 끌어내 자신들의 힘과 존재를 창조해야 했다. 창조를 위해서는 배움이 필요했지만, 배울 수 있는 공간이 자유롭지 않았고 스승을 찾거나 모실 여건도 되지 않는 경우가 많았다. 그래서 그들은 스승 없이도 스스로 배울 수 있는 방법을 찾아냈다. 그것이 '하브루타'이다.

'하브루타'는 제자와 스승의 관계가 아닌 동등한 친구 사이로 서로 배우고 가르치는 것이다. '하브루타'는 1+1=2가 아니라 그 이상의 효과를 볼 수 있는 학습 방법이다. 한 명은 선생이 되고 또 다른 한 명은 학생이 되어 토론을 한다. 교사와 학생으로 수직적인 관계가 아닌 수평적인 관계에서 서로 많은 것을 배우게 된다. 하브루타는 나이, 학력, 직책에 관계없이 서로 배울 수 있는 효과적인 토론식 교육법이다.

한국의 교사와 학생과의 관계에서는 웃어른에 대한 조심성과 예의로 인해 자신의 의견을 제대로 표현하지 못할 수도 있다. 반론을 제기하기에는 큰 용기가 필요하기 때문이다. 상대방은 낮고 나는 높다라는 생각을 가지고 있어도 창의적인 생각이 나오기 힘들다. 수직적인 관계에서는 창의적인 생각이 나오기 어렵다.

이런 수직적인 관계의 단점을 보완할 수 있는 것이 '하브루타'이다. 동등한 위치에서 공부할 내용을 집중 토론하면 수평적인 관계가 될 수 있다. 상대방을 이해시키기도 하고 상대방의 창의적인 생각을 경청할 수도 있다. 수평적인 관계에서 토론을 하면 패한 것도 승리한 것도 있을 수 없다. '하브루타'는 춤추는 것과 같다. 상대가 리드할 수도 있고 내가 리드할 수 있다.

'하브루타'에서는 내가 학생일 수도 스승일 수도 있다. 모든 것을 내려놓고 많은 시간을 같이 하기 때문에 마음속에서 서로 교감을 주고받을 수 있다.

'하브루타'의 가장 기본 과정은 문장을 함께 읽고, 찬성과 반대를 누가 할 것인지 정하고, 자신의 의견을 다른 사람에게 설명한 다음, 서로 질문, 답변, 반박을 하면서 토론하며, 찬성과 반대를 바꾸어서 토론하는 것이다. 이렇게 간단해 보이는 '하브루타'의 과정은 한 주제에 대해 상대방과 서로 의견을 나누다 보면 자신이 알고 있는 것을 논리적으로 표현하기 위해 엄청난 생각을 해야 하고 다른 사람이 의견을 논리적으로 이야기하는 동안 다른 사람이 어떻게 생각하고 논리를 펴나가는지도 배울 수 있게 된다.

논쟁을 시작하면 상대방이 이야기할 수 있도록 '왜'라는 질문을 던진다. 이런 과정에서 대화, 소통, 토론, 협상을 하는 원리를 터득하고 기술을 배우게 된다. 가정에서 학교에서 기업에서 하나의 주제를 가지고 2명이 서로 다른 의견에 대해 이야기를 할 수 있는 기회를 자주 가지면 알고자 하는 지식에 대해 정확하게 이해하게 되고 지식을 알아가는 과정 속에서 지식을 어떻게 적용하고 활용할 것인지에 대해 창의적인 생각, 즉 지혜가 생기게 된다.

'하브루타'의 가장 큰 위력은 생각하는 힘을 키우는 데 있다. 대화하고 토론하고 논쟁하면서 끊임없이 생각하게 된다. '하브루타'는 뇌를 격동시키는 방법이다. 생각하게 되면 사고력, 안목, 통찰력, 창의성 등이 저절로 개발된다. 더불어서 친구와 함께하기 때문에 소통과 협력 능력이 길러진다.

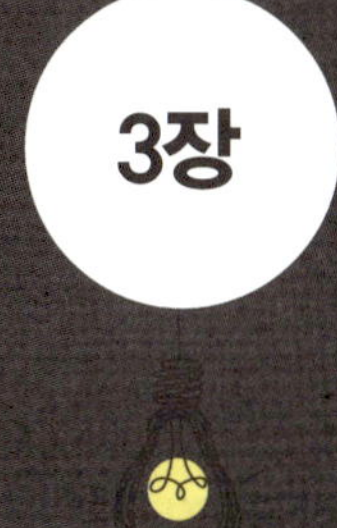

하나의 정답 vs 다양한 해답

정답은 창의성을 막을 수도 있다 | 하브루타는 비판적 책 읽기에서 시작된다
탈무드는 다양한 해답의 집합체이다 | 성현의 견해에 다른 의견을 내기 위해 배운다

01

정답은 창의성을 막을 수도 있다

정답은 정해진 옳은 답을 말하고, 해답은 풀어낸 답을 말한다. 정답은 대부분 하나이고 해답은 각자가 풀어낸 답으로 다양하다. 정답에는 맞고 틀림만 있지만, 해답에는 최선책도 있고 차선책도 있다. 우리는 기본적으로 초등학교부터 고등학교 12년 동안 정답 찾기 시험을 수십 수백 차례 치른다. 하나의 정답을 찾아내는 데 귀신이 된다. 내용을 전혀 몰라도 정답을 찾아낼 수 있을 정도로 답을 골라내는 탁월한 능력이 있다. 하지만 이제 그런 정답은 인터넷에 다 있다. 이제 다양한 해답, 나만의 해답, 서로 다른 해답을 요구하는 시대에 우리는 살고 있다.

우리는 정답을 찾는 교육을 20년 가까이 했다. 사지선다형, 오지선다형, 단답식, 모두 정답을 찾기 위한 것들이다. 그런데 삶에 정답이 있을까? 어떻게 살아야 하는가에 대해 정답은 없다. 다양한 길 중에 자신에게 가장 최선이 무엇인지 선택하는 것이 있을 뿐이다. 교육이 삶과 가장 직결되는 것이 바람직하다면 정답을 찾는 교육에 대한 고민이 필요하다.

교육에서 가장 중요한 것은 정답을 아는 것이 아니다. 질문을 제기하고 그 의문을 풀어가면서 생각하게 하는 교육이 중요하다. 답이 맞는가 맞지 않는가보다 알고 싶어 하는 동기와 학생이 어떻게 생각해 내느냐가 더 중요하다. 교육은 정답을 알게 하는데 목표가 있지 않다. 스스로 호기심과 질문을 가지고 풀어가는 사람을 기르는데 목표가 있다.

유대인들이 가장 많이 하는 질문 가운데 하나는 "너의 생각은 어떠냐?"라는 말이다. 그들의 토론은 '나의 생각'과 '너의 생각'을 묶어 '우리 생각'을 창조하도록 돕는 것이다. 토론은 논리적인 훈련의 한 과정이며, 동시에 건전한 합리적 사고와 습관을 가진 인간을 만든다. 이러한 토론은 개개인의 개성을 중시하는 교육으로 연결되고 한 개인의 개성과 인격을 매우 존중하게 한다.

우리 아이들은 주어진 틀 안에서 정답을 찾아내는 데 능숙한 반면 유대인 아이들은 좀 더 자유롭고 유연하고 틀에 얽매이기를 거부한다. 우리 아이들은 목적을 달성하기 위해 열심히 하지만 유대 아이들은 과정을 즐긴다. 우리 아이들이 단기전에 강하다면 유대인 아이들은 장기전에 강하다. 만일 아인슈타인이나 에디슨이 한국에서 태어났다면 어떻게 되었을까? 아마 아인슈타인은 학교에서 쫓겨 났거나 수학과 물리학만 잘하고 다른 과목은 성적이 좋지 않아 대학에도 가지 못했을 것이다. 에디슨 역시 학교에서든 사회에서든 왕따를 당했거나 여러 발명품을 만들어도 각종 규제 때문에 빛을 보지 못했을지도 모른다.

엄마가 어린아이에게 오렌지 주스를 따라 주면서 묻는다.

"얘야, 이게 뭐니?"

"물이요."

이럴 경우 엄마는 주로 이런 반응을 보일 것이다.

"이게 어떻게 물이니? 이건 물이 아니고 오렌지 주스잖아."

이렇게 엄마가 부정적인 말을 하면 아이는 주눅이 들고, 자신감이 떨어지고 자존감도 낮아질 것이다.

"얘야, 이게 뭐니?"

"물이에요."

"그래? 왜 그렇게 생각하니?"

"노란 물이잖아요."

"와! 어떻게 그런 멋진 생각을 다 했니?"

아이는 엄마에게 칭찬을 받아 우쭐해진다.

"엄마가 진짜 물을 보여줄게. 물을 자세히 살펴보자."

엄마는 유리컵에 물을 따른다. 아이는 물을 자세히 살펴본다.

"물은 어떤 색깔이니?"

"물은 색깔이 없는데요."

"맞아. 물은 색깔이 없고, 오렌지 주스는 색깔이 있네. 물은 색깔이 없고, 오렌지 주스는 노란색 물이지."

분명 아이는 어른이 보기에 틀린 답을 한 거지만, 정답이 아니라고 해서 야단칠 필요가 없다. 단지 이렇게 물어보면 된다.

"그래? 왜 그렇게 생각하는데?"

그러면 아이는 자기 나름대로 그렇게 대답한 이유를 설명할 것이고, 그 대답에 따라서 엄마는 질문을 통해 아이의 사고를 자극하면 된다.

정답은 오히려 창의성을 막을 수 있다. 아이가 어렸을 때 엄마나 교사에게 들은 말들은 모두 진리가 된다. 그래서 정답을 어른들로부터 듣게 되면 그 범위에서 아이는 벗어날 수 없다. 자동적으로 정답을 말하는 기계로 자랄 수도 있다.

아이가 틀린 답을 말하거나 실수할 때는 아이와 하브루타를 할 수 있는 가장 좋은 기회다. 예를 들어 아이가 우유가 담긴 컵을 가져오다가 실수로 우유를 쏟았다고 생각해 보자. 그러면 보통 이렇게 반응할 것이다.

"이런 바보야. 이게 무슨 짓이야?"

좀 점잖은 부모라면 이렇게 반응할 것이다.

"이게 뭐니? 조심 좀 하지!"

아이가 실수했을 때 이렇게 반응하면 아이는 자신감과 자존감이 떨어진다. 실수하면 야단맞기 때문에 그 어떤 것도 시도하려 하지 않을 수도 있다. 아이는 누구나 실수할 수 있다. 태어나면서부터 모든 것을 잘할 수 있는 아이가 누가 있을까?

"실수는 누구나 하는 거란다. 쏟은 우유는 닦으면 돼."

"우유가 든 컵이 네게 너무 무거웠나 보구나. 컵에 손잡이가 있었다면 네가 물을 엎지르지 않았을 텐데."

아이는 실수를 하면 위축될 수밖에 없기 때문에 그것을 안심시키는 것이 가장 먼저다. 아이의 실수한 행동에 집중하는 것이 아니라 대안에 집중하는 것이 중요하다. 아이의 인격이나 잘못에 초점을 맞추는 것이 아니라 그 실수를 통해 문제를 해결하는 과정과 방법을 아이가 배울 수 있는 기회로 만드는 것이 중요하다.

"왜 우유를 쏟게 되었을까?"

아이의 마음이 안정된 다음에 엄마가 이렇게 물으면 아이는 나름대로 생각해서 대답할 것이다.

"너무 무거웠어요."

"내가 뛰어서 그래요."

"컵을 꽉 잡지 않았어요."

엄마는 아이의 대답을 듣고 그에 맞추어서 다시 대화를 계속하면 된다.

"애야, 우유가 바닥에 있는데 이걸 어떻게 하면 좋을까?"

"깨끗하게 닦아요."

"그럼 무엇으로 하는 것이 좋을까? 수건을 좋을까, 쓰레받기가 좋을까, 아니면 숟가락이 좋을까?"

만일 아이가 숟가락이 좋다고 말을 하면 엄마는 직접 숟가락으로 우유를 닦는 시도를 해보는 것이 좋다. 직접 해보는 것만이 아이 것이 되기 때문이다.

이렇게 아이와 방법을 찾아가며 대화를 나누게 되면 마룻바닥을 깨끗이 하는데 시간이 걸릴지 모른다. 한국 부모들은 워낙 급하고, 빨리빨리 문화이기

192

때문에 걸레 같은 것으로 우유를 서둘러서 닦아내고 마무리하는 것이 훨씬 좋은 해결책이라고 생각할 것이다. 하지만 그렇게 되면 아이는 그 실수를 통해 아무것도 배울 수 없게 된다. 아이의 자신감이나 자존감은 낮아지고, 부모와의 관계성도 더 멀어진다. 아이는 실수를 무서워하며 그 어떤 시도도 하지 않게 될 수도 있다. 급할수록 돌아가라고 했다. 이런 대화의 과정이 아이에게 자신감을 심어준다.

02

하브루타는 비판적 책 읽기에서 시작된다

하브루타는 논리적이고 비판적인 사고력을 키워준다. 바둑이나 체스가 논리력이나 비판적 사고력을 키울 수 있다고 생각할 수도 있다. 이것들이 집중력에는 도움이 될지 모르지만, 이런 게임에는 언어가 없다. 언어를 배제한 논리력 강화란 있을 수 없다. 독서와 대화는 논리력의 출발이다. 이런 논리력은 반드시 상상력과 결합할 때에만 제대로 자랄 수 있다. 상상력은 논리에 사실이라는 새로운 요소를 결합시키는 매개체이다. 그래서 상상력은 현실을 더 잘 보게 만든다. 상상력은 창의성과 연결되고, 창의성이란 다름과 새로움을 전제로 한다. 하브루타는 다양한 사고와 다른 관점, 다른 견해를 갖게 하는데 최고의 방법이다. 학생들에게 토론을 접하게 하기 위한 첫 단추는 독서 토론이다. 한 권의 책을 가지고 주제를 정해 자신의 생각을 펼치는 것이 그 시작이다. 이 방법은 집에서도 쉽게 할 수 있다.

학교에서의 독서 토론은 교사가 토론거리가 있는 도서를 선정하는 것이 가장 중요하고 처음으로 할 일이다. 일단 학급에서 토론에 참여하다 보면 자연스레 학생들은 주제에 대한 자신의 입장을 정리하게 되고 또 상대방의 입장도 대화를 통해 알게 된다. 또한 자기의 주장을 뒷받침할 근거나 자료를 찾아 말해야 하기 때문에 이러한 상호작용을 통해 논리적 발표력과 창의적이고 비판적인 사고 능력을 기를 수 있다. 독서 토론을 통하여 토론 방법을 익히고 나면 각 교과별 특성을 살려 토론 수업을 전개할 수 있다.

그래서 하브루타를 잘하기 위해서는 독서가 필수다. 미국의 학교에서 가장 강조하는 것 중 하나가 독서다. 미국의 독서 교육은 생후 6개월부터 공교육 영역에서 시작되고, 가까운 도서관에는 생후 6개월부터 유아를 위해 6개월에서 1년 단위로 아이용 독서 프로그램이 마련되어 있다. 초등학교부터는 대부분의 주정부에서 학년별로 연간 독서 목표량을 정해 놓고 저학년 때부터 지속적으로 책 읽는 훈련을 시킨다. 자기 수준에 적합한 책을 골라 체계적으로 읽도록 지도한다. 책을 읽은 뒤에는 간단한 독후감이 포함된 독서 일지를 작성해야 한다. 또 독후감을 쓰는 숙제도 수시로 내준다. 독서보다 더 중요한 것은 독서한 것을 바탕으로 한 토론이다. 토론이 되어야 아이들이 읽은 책이 자기 것이 되고, 그들의 사고가 깊어진다. 유대인 아이들은 '하브루타'를 준비하기 위해 스스로 독서하고, 토론하면서 막혔던 부분을 이해하기 위해 또 책을 찾는 습관이 이루어진다.

유대인 부모는 자녀가 히브리어를 잊지 않도록 매일 밤 자기 전에 히브리어 동화책을 읽어준다. 책은 아이들의 상상력과 언어 능력을 키워주는 가장 중요한 방법이다. 독서가 뇌에 가장 훌륭한 음식인 이유는 풍성한 자극원이기 때문이다. 글자를 이해하고 상징을 해석하는 측두엽, 상황을 파악하고 활자를 시각으로 상상하는 전두엽, 감정을 느끼고 표상하는 변연계 등 독서의 흔적이 남지 않는 뇌 영역은 거의 없다.

책 읽는 도중에 아이가 질문을 할 때는 설령 엉뚱해 보이는 질문이라 하더라도 무시하지 말고 아이의 수준에 맞추어 진심을 다해 대답해야 한다. 책을 읽어주는 것을 공부라고 생각하지 말고 놀이로 여기게 해야 한다. 아이에게 많은 지식을 주는 것이 목적이 아니라 아이가 책 읽기에 흥미를 갖도록 하는 게 중요하다. 책을 통해 지식이나 교훈을 자녀에게 심어 주려고 하지 말고 책 읽는 것 자체를 즐길 수 있도록 도와주는 것이 포인트이다.

기존의 직선적이고 단편적인 사고에서 주위의 다양한 상황을 포괄적으로 접목시켜 발산적 사고를 할 수 있다는 것이 토론식 수업의 큰 장점이라 할 수 있다. 학생들이 직접 수업의 주체가 돼 아는 것을 발표하고 모르는 것을 질문하면서 탄탄한 지식을 쌓아간다. 다른 사람에게 하나라도 더 설명하기 위해서는 자신이 먼저 정확히 알아야 한다. 그래서 토론 수업에 재미를 붙인 학생들은 스스로 목표를 세워 공부하는 자기 주도 학습의 기본기가 만들어지게 된다.

유대인에게 경전은 토라와 탈무드이다. 모세가 시내산에서 십계명을 받고 모세오경을 쓴 이후로 토라가 완전히 정리되고 편집되어 확정된 시점을 학자들은 에스라와 느헤미야 시대로 본다. 토라를 정리 편집한 뒤로 토라를 한 글자라도 변경하는 것이 금지되었다. 하지만 토라의 율법을 일상생활에 그대로 실천하는 데는 여러 가지 무리가 따랐고, 시대와 상황에 따라 다양한 해석이 필요했다. 에스라가 처음으로 그 해석을 시작했고, 또 허용했다. 토라에 대한 주석과 해석이 구전으로 내려온 것이 구전 율법이다. 초기에는 이 구전 율법을 기록하는 것도 금지되었다. 그래서 글로 남길 수 없기 때문에 입에서 입으로 전해질 수밖에 없었다. 토라는 전혀 변경이 불가능했지만, 토라에 대한 해석과 주석은 학자들이나 랍비마다 의견이 다를 수 있었다.

일상생활에서 어떻게 실천하는 것이 토라의 정신에 맞는 것인지 학자나 랍비들 사이에 서로 토론과 논쟁이 붙었다. 토론과 논쟁은 시간이 흘러감에 따라 더 풍부해지고 다양해졌다. 이런 토라에 대한 해석과 주석, 토론과 논쟁인 구전 율법들을 모아서 편집한 것이 미쉬나이고, 그 미쉬나에 대한 토론과 논쟁을 모은 것이 게마라이며, 이 둘을 합친 것이 탈무드이다.

그러므로 하브루타의 기원은 토라를 일상생활 속에서 어떻게 실천하고 적용할 것인가에 대해 학자나 랍비들이 계속 토론하고 논쟁하는 데서 시작되었다고 할 수 있다. 처음에 미쉬나나 게마라가 글로 남기는 것이 금지되면서 구전으로 이어졌고, 이것을 잊지 않고 후대에 계속 전하는 한 방법으로 하브루타가 시작되었다. 토라의 해석이나 미쉬나, 게마라에 대한 다양한 관점과 주장에 따라 여러 가지 충돌이 있었고, 그것은 토론과 논쟁을 통해 정리되고 정교화되었다. 그런 토론과 논쟁이 효율적으로 이루어지기 위해서는 파트너가 필요했고, 둘 사이의 토론이 가장 효율적이었으므로 하브루타가 자연스럽게 이루어진 것이다. 왜냐하면 가장 말을 많이 할 수 있고 토론을 활발하게 할 수 있는 팀이 2명이기 때문이다. 그래서 하브루타는 기원전으로 그 역사가 올라가며, 2000년이 훨씬 넘는 역사를 가지고 있다고 볼 수 있다.

기원 전후에 활동한 힐렐과 샤마이는 성서 해석을 놓고 많은 논쟁을 벌였다. 특히 힐렐의 교수 방법은 헬레니즘의 영향을 받아 소크라테스의 질문법을 많이 사용했다. 즉 학생들의 반응을 유도하고 머리를 쓰도록 '질문과 대답', '불가해한 화두 던지기' 등의 방법을 사용했다. 그러기 위해서는 스승이 인내심을 가져야 하고 가르치는 내용이 실제적인 것이어야 했다. 힐렐에게는 80여 명의 제자가 있었던 것으로 전해지며, 그중 수제자가 바로 요하난 벤 자카이다.

예시바의 기원은 요하난 벤 자카이다. 로마의 식민지 시절에 유대인들은 로마에 대항하여 봉기를 일으켰는데, 그 1차 봉기가 AD 66년에 일어났다. 하지만 68년에는 대부분 유대 땅이 진압되고 예루살렘 성만 남게 되었다. 이때 성 안에 있던 랍비 요하난 벤 자카이는 승산 없는 무력 봉기가 유대인의 대학살로 이어질 것을 예측했다. 요하난은 자신이 흑사병에 걸렸다고 소문을 내고 관에 들어가 예루살렘 성을 빠져나왔다. 그는 로마 사령관이 베스파시아누스 장군을 보자마자 곧 로마 황제가 될 것이라고 예언했다. 그리고 자신의 예언이 맞을 경우에 시골에 작은 학교를 세우도록 허락해 달라고 말했다.

로마는 68년 반란의 소용돌이 속에서 네로 황제가 자살하고, 갈바와 오토, 비텔리우스의 세 정치군인들이 몇 달 만에 암살되었다. 과연 요하난의 예언대로 이듬해인 69년 원로원은 유대 반란군 진압에 나가 있던 베스파시아누스 장군을 급히 황제로 추대했다. 로마로 금의환향한 베스파시아누스는 요하난과의 약속을 지켜 야브네에 최초의 예시바 설립을 도왔고 남은 예루살렘 정벌은 아들 티투스에게 맡겼다. 이듬해인 70년에 티투스에 의해 드디어 예루살렘 성이 함락되어 처참한 살육과 파괴가 이루어졌다. 여기서 남은 패잔병 960명이 마사다로 피신하였고, 73년에 결국 이들 전원이 자결하면서 장렬한 최후를 맞았다.

요하난 벤 자카이가 야브네에 세운 예시바는 유대 교육의 모태가 되었다. 야브네는 예루살렘에서 서쪽으로 약 65km 지점의 해안 평야에 위치하고 있다.

헬라식 이름은 얌니야이며 이곳에서 얌니야 회의가 열렸고, 이 회의에서 유대 정경이 확정되었다. 여기서 시작된 유대인의 의무 교육으로 문맹을 퇴치했고 눈에 보이지 않는 신은 그들의 상상력과 지적 능력을 고양시켰다. 이동식 회당은 특정한 장소에 얽매이지 않고 일체감을 상실하지 않은 채 이동할 수 있었다. 그래서 신앙이 장소에 구애받지 않게 했다.

하브루타는 AD 70년경에 벤 자카이에 의해 예시바가 탄생하면서 본격적으로 활성화되었다. 예시바 학생들은 온종일 학생들끼리 토론하고 논쟁하면서 연구에 몰두하고 나서 저녁에 1~2시간 정도 랍비와 쉬우르를 한다. 이때 랍비는 질문도 받고 대답도 해주면서 학생들이 더 예리한 생각을 할 수 있도록, 그리고 그것에 대해 더 깊이 있게 볼 수 있도록 도와준다. 결론은 스스로 내려야 한다. 탈무드에서는 동일한 내용에 대한 다양한 해석을 그대로 모두 실어 놓았다. 어떤 것이 정답이라고 제시하지 않고 수많은 해답들을 제시하여 다양하게 사고할 수 있도록 한다. 우리와 같이 정해진 지식을 전달하는 것과는 너무나 다른 것이다. 이런 예시바의 교육은 대부분 하브루타를 통해 이루어진다. 현재도 세계 곳곳에 유대인이 어느 정도 있는 곳이면 예시바가 있고, 예시바에서는 하브루타로 공부한다.

유대인들은 어떤 주제든 토론 없이 결론을 이끌어내지 않을 뿐 아니라 소수의 의견이라고 무시하지 않는다. 얼마나 토론을 많이 하고 자기주장이 강하면 '유대인 셋이 모이면 예시바가 4개 생긴다'는 말이 생길 정도다. 우리의 도서관은 조용히 앉아서 혼자 공부하거나 책을 읽는 곳이지만, 예시바는 시장보다 더 시끄럽다. 시장보다 더 시끄러운 곳에서 무슨 공부가 가능할까? 이 비밀 역시 하브루타에 있다. 도서관에 앉아 있는 사람들은 모두 목소리를 높여 떠든다. 어떤 학생들은 좌석을 옮겨 다니며 수다를 떤다. 우리 입장에서 보면 수다를 떠는 것이지만 그들은 지금 열심히 공부를 하고 있는 것이다. 학생들은 책상 위에 각자 책을 산더미처럼 쌓아두고 상대방과 질문하고 대화하고 토론하고 논쟁한다.

04

성현의 견해에 다른 의견을 내기 위해 배운다

탈무드는 완성된 적이 없다. 따라서 그것이 완료되었다고 공식적으로 선언된 적이 한 번도 없다. 탈무드의 최종판은 마치 한 그루의 나무처럼 살아 있는 유기체가 다 자란 상태와 비견될 수 있을 것이다. 본질에는 더 이상 변화가 일어나지 않을 상태로 형태가 완전히 자리 잡혔지만, 그럼에도 불구하고 살아가면서 성장하고 증식하기를 계속하는 그런 단계에 이른 것이다. 탈무드가 완성되지 않았다는 원리는 그것을 창조하는 일이 계속 되어서 끊임없는 변화가 일어나야 한다는 의미이기도 하다. 탈무드는 종결될 수 없겠지만 그래도 이 일에 공헌하기 위하여 탈무드를 덧붙여 가는 일은 모든 학자들의 몫이다. 탈무드에 위대한 학자들이 가능한 모든 관점에서 주제, 사안, 그리고 문장들을 이미 검토하고 논의해 놓았다. 그럼에도 불구하고 탈무드는 아직 종결되지 않았다. 매일 매시간 학자들은 새로운 관점에서 연구할 새로운 주제를 찾아낸다. 만사에는 한계가 있지만 탈무드에는 한계가 없다. 그렇게 새롭게 찾아내는 작업은 질문과 토론과 논쟁을 통해서이다.

탈무드는 거의 대부분 율법과 법도, 종교적 가르침, 윤리적 이념에 대해 해석하기 위한 논쟁으로 구성되어 있다. 하나의 논쟁은 논리적 요구에 따라 또 다른 논쟁을 부른다. 아무리 확고해 보이는 주장이라 하더라도 새로운 반박에 직면한다. 그래서 탈무드 자체도 그러하지만 공부하는 방식도 주입식이나 암기식이 아니다. 누구나 의견을 제시할 수 있고 어떤 의견에 대해서도 틀리거나 옳다고 결정짓지 않는다. 탈무드는 수천 년 동안 수십만에 이르는 유대인 현자들이 전개한 논쟁의 기록이다. 그 안에는 율법, 경구, 우화, 속담, 유머, 공상 등 인간의 삶에 존재하는 거의 모든 이야기가 들어 있다. 탈무드는 결코 하나의 정답을 제시하지 않는다. 시대가 다른 여러 학자들의 의견이 다양하게 제시되어 있다. 아주 소수의 의견이고 별로 인정받지 못하는 견해라 하더라도 남과 다른 의견이면 제시되어 있다. 후대는 논쟁을 통해 거기에 또 다른 견해를 제시하는 것이다.

유대인들은 스승과 다른 시각을 가지도록 격려한다. 나중에 옳은 생각이 아닌 것으로 결말이 나더라도 반대되는 의견을 매우 중시한다. 세상에는 완벽한 정답이 존재하지 않으며 각각의 주체적 의견이 중요하다는 것이다. 유대인들은 모든 주제에 대해 다른 의견을 가지고 토론을 벌이며 끊임없이 질문하고,

다른 사람의 의견을 존중해 준다. 그러기에 유대인 사회는 어떤 결정을 내리기까지 그 과정이 매우 소란스러워 보인다. 유대인들 사이에서는 그 어떤 사안에 대해서도 격론을 벌이기 때문이다. 이렇게 그들은 항상 토론을 통해 문제를 해결해 왔고, 그렇게 내려진 의견들이 세계 역사의 흐름을 바꿔왔다. 남과 다른 것을 개성으로 여기고 그것을 찾아 격려하는 것이 유대 교육의 힘이다. 아이들에게 이래라 저래라 하지 않고 아이들이 원하는 것을 하도록 한다.

우리는 성현의 말씀을 외웠고 무슨 뜻인지 이해하려고 공부했다. 예를 들어 사서삼경을 공부한다면 사서삼경에 써 있는 말들을 외우고, 그 뜻을 풀이하려고 노력한다. 이이나 이황 같은 학자가 무슨 생각과 주장을 하는지, 이해하는 것이 주요 목적이다. 이런 대학자들의 생각에 반박하고 질문을 던지는 것은 생각하지도 못할 일들이다.

하지만 유대인들이 탈무드를 배우는 것은 유대인의 유명한 학자들인 힐렐이나 샴마이, 벤 자카이, 가말리엘 같은 성현들의 이론을 이해하고, 그들이 어떤 주장을 했는지 외우기 위해서가 아니다. 오히려 힐렐이나 샴마이 같은 학자들의 견해에 질문하고 반박하기 위해 배운다. 각자의 주장이나 의견에 대해 치열하게 토론하고 논쟁한다. 중학생이 이이나 이황의 견해에 대해 반박하고 이의를 제기하는 수업 장면을 상상해 보자.

4장

조용한 공부 vs 떠드는 공부

조용히 해와 마타호세프 | 왜 그렇게 생각하니? | 철학으로 떠드는 나라 프랑스
몸을 움직여야 뇌도 움직인다 | 우리도 몸을 흔들며 소리 내서 공부했다

01

조용히 해와 마타호세프

우리나라 학교에서 학생들이 가장 많이 듣는 말은 아마 "조용히 해!"라는 말일 것이다. "조용히 해!"의 다른 말은 "시끄러워!", "떠들지 마!"이다. 우리나라 학생들은 입을 닫게 하는 이 3종 세트의 말을 가장 많이 듣는다. 유대인 학교나 가정에서 교사나 부모가 가장 많이 쓰는 말은 "마타호세프?"이다. 이 말은 "네 생각은 무엇이니?" 또는 "너의 생각은 어떠니?"에 해당하는 말이다. 유대인의 수업은 그야말로 "마타호세프?"로 시작해서 "마타호세프?"로 끝난다.

마타호세프는 정말 중요한 말이다. 상대방의 의견이나 생각을 묻는 것은 그 사람을 가장 존중하는 태도다. 아이에게 이렇게 말하면 아이는 자신이 존중

받는다고 생각한다. 부하에게 상사가 부하의 의견을 물으면 부하는 자신이 존중받고 있다고 생각한다. 교사가 학생에게 네 생각이 어떠냐고 물으면 학생은 자신이 인정받고 있다고 생각한다.

사람은 누구나 내 속에 있는 말을 하고 싶어 한다. 사람은 자신을 알아주는 사람에게 목숨을 건다. 자신을 알아준다는 것은 자신의 마음, 자신의 생각을 알아준다는 것이다. 다른 사람의 생각을 알려면 물어야 한다. "당신의 생각은 어떠신가요?"

『정의란 무엇인가』로 유명한 마이클 샌델 교수가 수천 명을 상대로 강의할 때도 가장 많이 던지는 질문이 "당신의 생각은 어떠신가요?"이다. 아이비리그 대학에서 교수가 강의할 때 교수가 가장 많이 던지는 말 역시 "자네 생각은 어떤가?"이다. 세종대왕이 가장 많이 한 말 역시 "경의 생각은 어떠시오?"라는 말이다. 이런 말들은 모두 마타호세프에 해당한다.

어른들이 주로 말을 하고 아이들은 주로 듣는 것과, 어른들이 주로 질문을 하고 아이들의 생각을 말하게 하는 것은 그야말로 하늘과 땅 차이다. 주로 문화나 가치관을 전수하기 위해 아이들에게 말을 많이 하지만, 우리는 오히려 어른들의 가치관을 후세에 전수하는데 실패했다. 하지만 유대인들은 자녀나 학생들의 생각을 물어서 그들에게 말을 많이 하게 하여 3800년 동안 가치관과 문화를 공유하고 있다. 똑같은 말도 어른이 말하면 어른의 생각이지 자신의 생각이 아니다. 똑같은 말을 어른이 물어서 자신의 입으로 말하면 그것은 자신의 생각이 된다. 어른이 말하면 아이는 억지로 하게 되지만, 자신이 말하면 능동적으로 실천하게 된다.

유대인들이 있는 곳은 어디든 시끄럽다. 우리나라는 고등학교 교실이 가장 조용하지만, 유대인의 고등학교는 더 시끄럽고 질문이 많다. 이들은 적극적이다 못해 도전적이다. 교사가 전달하는 지식이나 정보가 자신들이 생각하는 것, 자신들이 찾아본 것과 다르면 무례하다고 느낄 만큼 교사에게 질문하고 반박하고 논쟁을 벌인다. 학생들은 선생님의 가르침을 당연한 것으로 받아들이는 것이 아니라 끊임없이 질문하는 것이다. 그들은 수업 시간 중에 생긴 의문은 바로바로 질문을 통해 해결해야 한다고 믿는다. 뒤로 미루면 의문을 해결하는데 시간이 걸리게 되고, 질문도 잊어버릴 가능성이 높아지기 때문이다.

아이들은 자율적이기 때문에 남들이 하라는 대로 하지 않는다. 자신이 하고 싶은 것, 자신이 잘하는 것을 찾아간다. 유대인에게 전문가는 '자신이 잘할 수 있는 부분에서 최고가 되는 것'이다. 사람마다 잘할 수 있는 것이 있다. 그런 잠재력을 부모가 찾아 실현할 수 있도록 도와주는 것이 유대인이다. 유대인은 남과 경쟁하는 것이 아니라 나와 경쟁하라고 가르친다. 그러면 남과의 경쟁에서 올 수 있는 이기주의나 개인주의를 제재할 수 있다. 아이가 무엇을 하고 싶은지 먼저 이야기를 듣고 부모의 생각이나 의견을 말하고 서로 논의를 통해 합의를 이끌어 진로를 선택할 수 있도록 도와준다.

왜 그렇게 생각하니?

"여기 바구니에 사과가 2개 있는데, 사과 4개를 더 넣었어요. 그럼 모두 몇 개일까요?"

"5개요."

이런 아이의 답변에 일반적인 부모들은 "틀렸어. 6개잖아!" 또는 좀 나은 부모라도 "5개 아니야. 다시 생각해 봐. 뭐지?"라고 말한다. 그러나 유대인 부모는 "왜 5개라고 생각하니?"라고 묻는다.

아이와 엄마의 이 짧은 대화에는 큰 차이가 있다. 이러한 대화는 아이가 자라면서 한 번이 아니라 수백 번, 수천 수만 번 듣게 되는 이야기다. 이렇게 들는 말이 아이에게 큰 영향을 미치는 것은 너무나 당연한 이야기다.

"왜 그렇게 생각하니?"란 말로 인하여 아이는 스스로 한 말과 행동에 대해 깊이 있게 생각을 하게 된다. "틀렸어, 맞았어" 같은 단정적인 말은 아이로 하여금 생각하게 하지 않는다. 여기서 "왜 5개지?"라고 묻는 것도 좋은 방법이다. 아이가 자신이 답변한 것에 대해 스스로 생각하게 하기 때문이다.

마타호세프, 즉 "네 생각은 어때?"란 말과 더불어 유대인들이 가장 많이 쓰는 말은 "왜 그렇게 생각하니?"란 말이다. "네 생각은 어때?"라고 물어서 아이가 뭔가 대답을 하면 틀렸다, 맞았다는 판단이나 평가를 해주는 것이 아니라 설령 틀렸더라도 "왜 그렇게 생각하니?"라고 묻는 것이다.

유대인들은 설령 어떤 질문에 대한 대답이 일리가 있더라도 만족하지 않고 더 나아가 '왜?'라고 생각해야 한다고 강조한다. 왜냐하면 세상은 멈춰 있는 것이 아니라 끊임없이 변화하기 때문에 '왜?'라고 질문하며 사고하지 않으면 절대 알 수 없기 때문이다. 그들은 상상력과 탐구심이 '왜?'라는 질문에서 비롯되었고 그것이 창의적인 생각의 근원이라고 생각한다.

03

프랑스인들은 세계에서 가장 지적인 국민이라는 자부심을 가지고 있다. 그렇게 생각하는 근원에는 철학이 있다. 철학은 프랑스 지성의 토대이자 문화와 예술의 뿌리가 된다. 프랑스인들이 생각하는 공부는 생각의 소통을 통해 사고를 발전시키는 것이다. 그렇게 생각을 발전시켜 가는데 철학이 가장 도움이 된다고 생각하는 것이다. 프랑스 사람들은 '소통의 공부'를 중시하기 때문에 어릴 때부터 다른 사람들과 생각을 소통하는 방법을 배우고 이를 통해 지식을 습득하고 사고력을 키운다.

프랑스에서는 세계에서 유일하게 대학 입학 자격시험인 바칼로레아를 보는 사람은 누구나 철학 시험을 봐야 한다. 바칼로레아는 일반 대학에 진학하든, 엘리트 고등교육연구기관인 그랑제콜에 진학하든 반드시 통과해야 하는 중요한 관문이기 때문에 프랑스 학생들에게 큰 부담이 된다. 프랑스 학생들은 철학 시험을 준비할 때 토론 모임을 통해 준비한다. 주로 카페에서 열리는 토론 모임에는 다양한 연령층의 사람들이 모여 테이블에 앉아 자유롭게 열띤 토론을 벌인다. 바칼로레아의 철학 시험은 하나의 정답을 요구하지 않는다. 여기에 출제되는 문제들은 '명백한 것을 부정할 수 있는가?', '정상적인 것과 비정상적인 것의 경계를 규정할 수 있는가?', '신이 없다면 모든 것이 허락되는가?' 등과 같은 추상적이고 관념적인 주제를 다룬다. 그러므로 어떤 텍스트를 일방적으로 외워서 답을 할 수 없다. 이 시험에 대비하려면 많은 사람들과 다양한 주제를 가지고 끊임없이 토론하며 사고의 폭을 넓혀야 한다. 바칼로레아 철학 시험은 주어진 주제에 대해 자신만의 견해로 얼마나 논리적으로 기술할 수 있는지를 평가하는 시험이다. 다른 사람들과 다르게 생각하고, 자신의 의견을 내고 이를 논리적으로 설명해야만 좋은 점수를 받을 수 있다.

프랑스 학생들은 토론을 할 때 상대를 깊이 존중하고 그 의견을 경청하기 위해 노력하는 모습을 보인다. 다른 사람과 의견이 달라도 충돌하지 않는다. 자신의 의견을 고집하거나 다른 사람이 이야기하는 도중에 끼어들지 않는다. 자기의 의견을 피력하고 싶은 마음이 간절해도 기다렸다가 자기 순서가 되었을 때 말을 한다. 자기 순서가 오기를 기다리면서 다른 사람의 의견에 귀를 기울이고 차례가 왔을 때는 자신의 생각을 적극적으로 표현한다. 다른 사람의 생각을 참고하여 자신의 사고를 발전시켜 나간다.

사람과 사람의 만남, 생각과 생각의 만남, 즉 성공적인 소통을 지향하는 공부 방식이 오늘날의 프랑스를 만들었다. 서로 의견을 소통하지 않고 더 나은 사고의 발전을 위해 협력하지 않았다면 프랑스인들은 지금과 같은 세계적 수준의 문화를 누리지 못했을 것이다.

이런 토론 교육이 가능한 배경에는 살롱이 있다. 프랑스인에게 살롱은 사교의 장이자 대화의 장, 지적 토론의 장, 계층과 계층의 이해의 장이다. 이곳은 남녀노소, 신분과 지위에 상관없이 누구나 출입할 수 있다. 살롱에 들어오면 평등한 관계 속에서 누구나 자유롭게 대화와 토론을 할 수 있다.

건전하고 자유롭게 대화와 토론이 이루어지고 더 효과적으로 상대와 지적 소통을 하기 위한 방법을 연구하고 실천하는 공간 덕분에 프랑스는 화려한 토론 문화를 꽃피울 수 있었다.

04

몸을 움직여야 뇌도 움직인다

뇌는 우리 몸이 움직이게 되면 움직일 수밖에 없다. 운동은 시냅스 구조에 직접적인 영향을 미치고 시냅스 강도를 높이며 신경 발생, 신진대사, 혈관기능 등을 포함한 기본 시스템을 강화함으로써 시냅스의 가소성을 높인다. 이 같은 설명들이 의미하는 것은 운동이 학습하는데 필요한 모든 주요 뇌 기능을 도와 학습 효과를 높인다는 점이다. 인간과 인간 이외의 동물들에 관한 한 연구에 따르면 에어로빅 운동이 인지와 성과의 여러 측면을 개선시킨다고 한다.

우리의 인지능력을 향상시키는 3가지 상황은 첫째, 뉴런이나 시냅스 수의 증가이다. 둘째, 기억을 형성하는 해마에서 신경 발생의 수준이 높아지는 것이다. 셋째, 뉴런과 시냅스의 생산을 촉진하는 BDNF의 생산이 증가하는 것이다. 그런데 중요한 것은 이 3가지 상황을 모두 만족시키는 것이 운동이라는 것이다. 운동 자체가 우리를 똑똑하게 만들지는 않지만 뇌가 학습하게 하기 위한 최적의 조건으로 만들어 주는 것이다.

놀이는 뚜렷한 목표에 구애받지 않고 편안한 상태에서 혼자 또는 그룹을 이루어 운동 능력을 탐색하는 과정이다. 놀이를 할 때는 순전히 다양한 움직임을 펼치는 과정 자체에서 즐거움과 재미를 느낀다. 그러나 발달 과정 중 어느 순간이 되면 아이들은 자신의 운동 능력이나 의사결정 능력을 다른 아이들과 비교하고 싶어진다. 그래서 게임이 등장한다. 게임은 개인이나 팀이 뚜렷하게 정해진 목표를 달성하기 위해 좀 더 조직적으로 활동하고 점수화하는 과정 등을 통해 특정한 기량을 비교하고 경쟁하는 과정이다. 숙련된 움직임은 행동을 계획하는 능력, 그 능력을 펼치는 동안 움직임을 조절하는 능력, 다른 사람과 물체의 움직임을 예측하는 능력의 결과로 얻어지기 때문에 대부분의 게임에서는 이 3가지가 승패의 관건이 된다.

아이들은 놀이나 게임에 푹 빠져 시간 가는 줄 모른다. 아이들은 놀이나 게임을 하면서 호기심이 자극되고 발달에 있어 중요한 지식과 기능을 숙달한다. 하지만 그 활동에 어떤 발달 과정이 포함되어 있다는 것을 의식하는 것은 아니다. 예를 들어 어렸을 때는 누구나 무서운 이야기나 오싹한 게임을 좋아한다. 그런데 이런 흥미는 중요한 감정과 그로 인한 행동 반응 체계를 개발하고 유지하기 위해 타고나는 욕구에 근거를 둔다. 아이들은 놀이나 게임을 통해 다양한 감정 및 행동 반응 체계를 위압적이지 않은 환경에서 개발할 기회를 얻는 것이다.

아이들에게 움직임은 삶 그 자체를 나타낸다. 우리 몸은 끊임없이 움직인다. 심지어 꼼짝 않고 생각만 할 때도 마찬가지다. 심장이 요동치고 피가 흐르며 폐가 수축하고 팽창하기를 반복한다. 영양분이 소화기관을 따라 움직이고 신경 충동은 빠른 속도로 뇌를 드나든다. 바이러스나 박테리아는 인체 면역 체계의 철저한 감시 속에 돌아다닌다. 그러니 인체가 운동 없이 가만히 있으려면 죽는 수밖에 없다. 즉 아이들이 움직이지 않은 채 입 다물고 가만히 앉아 있기만을 바라는 교사나 부모는 숲 속에서 나무를 돌보는 것이 더 나을 것이다. 아이들은 조용히 있고 얌전히 있는 것이 좋은 게 아니다. 그러면 뇌가 발달하지 않는다.

운동하는 사람은 머리가 나쁘다는 말은 이제 통하지 않는다. 미식축구팀의 공수 전략을 기록한 플레이북은 어마어마하게 복잡하다. 긴장감이 감도는 경기 도중에 그 많은 전술을 머릿속에 떠올려서 상황에 맞게 펼치려면 머리가 좋아야 한다. 연구에 따르면 미식축구 선수들은 체력 단련을 많이 할수록 플레이북의 내용을 더 잘 기억하게 된다고 한다.

아이들에게는 운동이 필요하다. 체육 과목의 수업 시간을 줄이고 주요 교과를 늘린다고 아이들의 실력이 높아지는 것은 아니다. 문제를 효율적으로 해결하고 적절한 계획을 수립하려면 소뇌가 활발하게 작동해야 한다. 규칙적인 신체 활동이 없으면 아이들의 뇌는 소뇌의 뉴런이 다른 영역의 뉴런만큼 중요하지 않다는 신호로 받아들인다. 그러면 덜 중요한 뉴런은 제거될 위기에 처하게 된다. 튼튼하고 건강한 소뇌가 없다면 복잡한 과정의 수학 문제를 풀거나 깊은 생각이 필요한 에세이를 쓰는 일이 훨씬 더 어려워진다.

한 연구팀이 시카고에 있는 초중등 학생들을 대상으로 능동적인 학습의 장점에 대해 심층 연구했다. 이들은 수업에 능동적으로 참여하는 학생들의 교실과 주로 반복 연습에 의존하며 수동적으로 참여하는 학생들의 교실을 비교하였다. 연구가 이루어지는 4년 동안 학생들의 적극적인 수업 참여를 이끈 교실은 아이오와 기초학력 검사에서 읽기와 수학 점수가 크게 향상되었다.

그렇지만 능동적인 학습이 항상 순조롭게 이루어지는 것은 아니다. 교사는 제한된 수업 시간, 더 오랜 준비 시간, 자료 부족 그리고 학생들이 참여하지 않을 가능성 등 여러 가지 난관에 부딪힌다. 그런데 학생들의 참여도를 높여 줄 창의적인 방법도 좋지만 그저 강의와 토론을 적절히 섞어 주기만 해도 교실 분위기는 확연히 달라진다. 학생들의 능동적인 참여를 이끌기 위해 어떠한 방법을 활용하든 학업 성취도가 향상된다.

학생들로 하여금 움직이게 하려면 여러 가지 다양한 방안이 강구되어야 한다. 그런 방법으로 먼저 이동 토론을 생각할 수 있다. 이것은 앉아서 이야기하도록 하기보다는 걸으면서 말하게 하는 것이 좋다. 토의 주제를 배정하고 15~20분간 걸으면서 배정된 주제에 대해 토론하게 한다. 그 후에 자리에 돌아와 앉아서 발견한 것을 기록하고 다른 그룹의 구성원들과 공유하게 한다.

걸으면서 비평하는 방법도 있다. 학생들에게 칠판이나 신문 용지에 쓰여 있는 한 세트의 문제나 질의 응답 문제에 답하게 한 다음, 그 답들을 교실 벽에 게시하게 한다. 그리고 학생들에게 교실을 돌아다니며 친구들이 게시한 답을 비평하게 하는 것이다. 그들은 답에 추가 의견을 달거나 수정할 수 있다. 비평이 끝나면 토론회를 열어 비평 과정에서 나온 여러 친구들의 의견에 근거해서 최선의 답을 결정하는 것이다.

또 학생들이 주의산만해졌다고 느낄 때 수업 도중이라도 일어나서 스트레칭을 하면 뇌가 깨어난다. 수업에 도움이 되며 주의력이 높아지고 뇌가 활성화되는 효과가 있다.

05

우리도 몸을 흔들며 소리 내서 공부했다

KBS 글로벌 대기획 〈공부하는 인간〉을 주관한 정현모 PD는 자신이 공부 문제에 관심을 가지게 된 계기를 한국인으로 태어나 유대인으로 자란 릴리와의 만남이라고 말했다. 그는 2009년 KBS스페셜 세계 탐구기획 2부작 〈유태인〉을 준비하면서 하버드 대학교의 유대인 학생 모임에서 릴리를 처음 만났다. 유대인들 속에서 동양인 외모를 가진 사람을 만났으니 관심이 가는 것은 지극히 당연했다. 그녀는 당시 아주 어려서 미국의 유대인 가정에 입양되어 유대인으로 자랐고, 하버드 대학에 들어와 있었다.

정현모 PD는 그녀의 부모를 만났고, 부모와의 인터뷰 중에 유대인의 공부에 무엇인가 특별한 것이 있다는 것을 알게 되었다. 그리고 그는 내용을 기반으로 『유태인의 공부』라는 책을 집필했다. 이후에도 그는 공부와 문화에 대해 관심을 가지게 되었고, 2013년에 세계 각지를 찾아다니면서 공부와 문화를 다룬 〈공부하는 인간〉을 세상에 내놓게 된 것이다.

그가 공부에 관심을 갖게 된 것도 유대인의 공부를 접하면서였고, 〈공부하는 인간〉 5부작의 결론 역시 직접적으로 언급은 하지 않았지만 유대인 교육이 앞으로의 방향임을 시사하고 있다. 그는 동양의 공부는 암기의 공부이고, 서양의 공부는 질문과 토론의 공부라고 말한다. 그런데 유대인의 공부를 다룬 3부의 제목이 '암기와 질문'이었다. 즉 유대인의 공부가 동양의 장점인 암기와 서양의 장점인 질문을 동시에 내포하고 있다고 본 것이다.

〈공부하는 인간〉을 보면 대치동 수학 학원에서 재미있는 일이 일어난 것을 알 수 있다. 대학 입시를 준비하고 있는 한국 학생과 세계 최고의 대학인 하버드생들과의 대결이 벌어진 것이다. 결과는 한국 고등학생의 승리였다. 대치동 학원에 다니는 고등학생이 평균 3분 정도면 푸는 문제를 하버드생들은 10분을 씨름하도고 풀지 못했다. 그런데 한국의 고등학생들이 푸는 수학 문제는 단지 시험을 잘 봐서 좋은 대학에 들어가기 위한 것이다. 그 수학 문제는 인류를 위해 기여하거나 학생의 사고력을 높이는 데 별 상관이 없다.

어려운 수학 문제를 풀어낸 한국의 고등학생이 하버드생들보다 능력이 뛰어나다고 말할 수 있는가? 하버드생들이 한결같이 하는 이야기는 한국의 공부 수준이 너무 높다는 것이다. 한국 학생들에게는 휴식이 필요하다고 말한다. 학생들의 창의적인 사고를 억압하고 개개인의 개성과 취향을 무시하는 단순 암기, 주입식의 획일화된 우리의 교육 시스템이 그들의 눈에 어떻게 보였을까?

그들이 왜 이렇게 힘들게 밤늦게까지 공부하느냐고 물었을 때 한국 학생들은 "좋은 대학에 가서 돈을 많이 버는 직업을 얻고, 좋은 배우자를 만나기 위함"이라고 대답했다. 우리 아이들에게는 당장 대학 진학과 직업의 문제만 있을 뿐 자신의 가치관이나 철학에 있어서는 생각 자체를 하지 않는다.

우리의 공부는 소통 없는 혼자만의 고립된 공부다. 그 대표적인 예가 독서실과 고시원이다. 고시원은 암기 위주의 공부를 하기에는 적절한 공간일지 모르지만, 자료를 찾고 조사를 해야 하는 창의적인 공부를 하는 데는 전혀 적절하지 않다. 이 말은 결국 우리의 공부는 정해진 지식을 암기만 하는 공부라는 것이다. 〈공부하는 인간〉을 진행한 4명의 하버드생들은 수많은 나라의 여러 공부 방법 중에 가장 안타깝고 충격적인 형태가 '고시원' 문화라고 했다. 1.5평의 좁은 공간에서 다른 사람과 전혀 소통하지 않고 오직 지식 암기에 매달리는 것은 그들에게 아마 감옥으로 비춰졌을지도 모를 일이다.

이렇게 소통 없이 고립되어서 혼자 하는 공부를 잘할수록 리더가 되고, 좋은 대학에 들어가며 사법고시나 행정고시, 임용고시 등에 합격한다. 또 그렇게 공부해서 지도자가 된 사람들은 전혀 소통할 줄을 모른다. 남의 말을 들을 줄도 모르고 자기주장만 하고, 자기주장이 통하지 않으면 목소리를 높이고 폭력을 사용하고 불법을 서슴지 않는다. 우리나라의 정치인들이 보여주는 모습은 그런 현상의 전형이다.

중국의 하남성에 있는 장원마을에서 공부하는 중국 학생들은 책상 위에 책을 잔뜩 쌓아 놓고 말을 크게 하면서 공부를 한다. 마치 한 여름에 수천 마리의 매미들이 동시에 우는 것처럼 학생들이 공부하는 소리로 시끌벅적하다. 시끄럽게 떠들면서 한다는 점이 중국과 유대인 공부의 공통점인데, 중국의 공부가 유대인과 다른 점은 중국은 혼자 떠들고, 유대인들은 함께 토론하면서 떠든다는 것이다.

이것은 우리나라 서당도 마찬가지다. 지금도 청학동에서는 모두 소리를 내어 크게 읽으면서 공부한다. 리듬을 타고 소리의 고저를 달리하면서 노래를 부르듯이 몸을 흔들면서 공부한다. 소리를 내면서 공부한다는 것은 청각과 입, 몸의 감각을 이용하기 때문에 소리 없이 공부하는 것보다 훨씬 효과적이다. 그리고 지루하지 않다. 몸을 움직이지 않고 책만 보면서 소리 없이 공부하게 되면 신체적으로 일찍 지치게 되어 있다. 혼자 고립되어 고시원이나 독서실에서 하는 공부는 그야말로 견디는 것이지 즐기는 것이 아니다.

외적 동기 vs 내적 동기

지능보다 동기다 | 가르치고자 하는 것이 아이의 입에서 나오게
공부하는 이유가 분명해야 지속성이 가능하다 | 칭찬이 무조건 좋은 것은 아니다
노력으로 가능한 것을 격려해야 | 어려움이 자기 동기를 만든다 | 마음의 도구 프로그램의 힘

01

지능보다 동기다

예전에 공부는 지능지수가 높아야 잘하는 것으로 생각했다. 그러나 최근의 연구는 지능지수보다 동기가 훨씬 중요하다는 사실이 밝혀지고 있다. 오히려 지능지수가 높을수록 그 공부에 의미를 찾지 못하면 공부를 포기하거나 집중하지 않을 가능성은 훨씬 높아진다.

지능지수와 동기부여에 의한 자제력 점수 중에서 어떤 요인이 학업에 더 영향을 미치는지 조사한 연구에 따르면 지능지수보다 자제력이 2배 더 학업성적에 영향을 미치는 것으로 나타났다. 즉 지금 당장 자신의 욕구를 참으면 더 큰 보상을 받을 수 있다는 사실에 강하게 동기부여를 받아 자제력을 보인 학생들이 지능지수가 높은 학생들보다 우수한 성적을 받는다는 것이다. 이는 강한 동기를 가진 학생일수록 일에 대한 집중도가 높고 계획을 철저하게 세우며 좌절을 잘 견디고 스트레스에 성숙하게 대처하기 때문이다.

대부분의 부모들은 아이들이 잠재력을 발휘할 수 있도록 의지를 심어주려고 노력한다. 그렇지만 의지를 갖는 것은 부모가 아니라 아이 스스로임을 간과하는 경우가 많다. 부모들은 아이들이 스스로 원해서 학교에 가고 공부를 하도록 하는 것이 아니라 부모가 원하는 방향으로 아이들이 움직이도록 교육한다. 잠재력은 아이 스스로가 야망을 가졌을 때만 발현된다. 아이가 가끔은 부모를 위해 공부를 하겠지만 이것은 장기적으로 지속되기 어렵다.

아이의 두뇌 발달에 가장 좋은 자극은 격려다. 아이의 잠재력은 조기교육용 장남감이나 도구들만으로 촉발되지 않는다. 집 안에서 흔히 볼 수 있는 물건들과 간단한 놀이, 이를테면 냄비 뚜껑, 베개, 양말, 젖병, 까꿍 놀이, 숨기고 찾는 놀이만으로도 아이의 잠재력은 충분히 발현될 수 있다. 부모가 아이에게 무엇을 하는 방법을 일일이 가르쳐야 한다고 생각하는 것은 착각이다. 이러한 행동은 오히려 아이가 스스로 무엇인가 하려는 마음을 방해할 수 있다.

그 어떤 것이든 내적 동기를 기반으로 하는 것이 가장 힘이 있고 지속 가능하다. 아이의 내적 동기를 강화시키기 위해서는 스스로 선택할 수 있는 기회를 많이 부여하는 것이 중요하다.

우리나라는 자녀에게 모든 것을 해주는 문화다. 자녀가 스스로 생각하고 결정할 기회를 주지 않는다. 하지만 아이 스스로 생각하고 판단하고 결정한 것만이 아이를 진정으로 성장시킨다.

사람은 선택과 책임을 통해 성장한다. 어떤 것을 선택하든 스스로 책임지고 해나갈 때 그것이 힘들고 어려운 과정이든 쉽고 좋은 과정이든 삶의 건강한 자양분이 된다. 아이가 스스로 선택할 수 있도록 격려하고 어떤 것을 선택해도 책임감을 느끼고 끝까지 그 일을 완수할 수 있게 도와주는 것이 중요하다. 자녀에게 선택권을 주는 양육을 하기 위해서는 자녀와의 타협과 협상을 당연한 것으로 받아들여야 한다.

아이들 성장에서 중요한 것은 스스로 성취했다고 생각하는 내부의 피드백이다. 아이는 스스로 무엇을 달성하고 칭찬받음으로써 성장하는 존재이다. 부모는 "응, 잘했다. 내가 도와줄게. 하지만 그건 네가 스스로 하는 거야"라며 아이에게 자신감을 심어주고 아이가 호기심을 가질 수 있는 환경을 제공하는 것이 중요하다. 또 그 속에서 스스로 세상을 탐구하며 배워가는 아이의 모습을 애정 어린 시선으로 지켜보면서 아이가 무엇인가를 달성했을 때 칭찬을 아끼지 않는 것이다. 그리고 부모는 아이의 기질을 어느 한쪽 방향으로 수정하려 애쓰기보다는 열린 마음으로 편하게 받아들이고, 장점을 키워 올바른 방향으로 이끌어 주는 역할을 해야 한다. 부모가 아이를 있는 그대로 바라보고 이해할 때 아이는 누구보다 독립적인 인격체로 성장할 수 있다.

아이들을 격려할 때 중요한 것은 지능을 칭찬하지 말고 노력과 공부 전략 등을 격려해야 한다. 좋은 성과를 낸 후에 지능을 칭찬하면 단기적으로는 기분이 좋게 여겨지겠지만, 다음부터는 그 머리를 믿고 노력을 게을리할 가능성이 매우 높아진다. 반대로 아이의 노력을 격려하면 그것은 긍정적인 영향을 미친다. 아이들에게 각자의 뇌나 지능은 성장할 수 있다고 알려주는 것이 중요하다.

아이들의 성과가 좋지 않을 때는 노력을 더하고 개선된 전략을 사용하도록 격
려해야 한다.

가르치고자 하는 것이 아이의 입에서 나오게

부모나 교사가 "이것은 이게 맞아", "이렇게 행동해야 돼", "이것이 옳은 선택이야"라고 말하면 아이들은 이렇게 생각할 것이다.

"자기가 옳다고 믿으니까 그렇게 가르치는 거겠지."

하지만 아이 자신이 자기 입으로 직접 그 사실을 말한다면, 아이에게 그것은 단순한 정보가 아니라 사실이 된다.

예를 들어 조사를 통해 효과적인 리더의 15가지 특성을 찾아낸다고 하자. 하지만 그것을 그냥 소개하면 아이들은 그냥 수동적으로 듣게 된다. 그것을 소그룹 토의를 통해 참가자들이 스스로 효과적인 리더의 특성을 찾게 하면 대부분 80%는 찾아낸다. 그러면 교사는 나머지 20%만 알려주면 된다. 교사가 모든 것을 알려주는 것보다 남은 20%를 가르쳐 줄 때 아이들은 그 사실들을 잘 이해하고 잘 수긍하고 교사의 전문성을 더 인정하게 된다.

사람들은 자신의 정보와 의견에 대해서는 따지려 들지 않는다. 그런데 똑같은 것이라도 다른 사람이 말하면 따지려 든다. 그래서 자신이 찾아서 스스로 말하게 하면 그것은 논쟁 대상이 아니라 사실이 된다. 교사는 아이들이 찾지 못한 몇 가지만 알려주면 된다.

예를 들어 회사의 업무에 필요한 아이디어나 개념, 기술들을 강사가 알려주는 것보다는 참가자들로 하여금 스스로 찾아보게 한 후에 자신이 찾은 방법을 다른 사람에게 발표하게 하면 그것은 이미 그 사람에게 정보가 아니라 사실이 되어 버린다. 이 방법은 사람들이 자신이 찾은 정보와 의견에 대해서는 절대 논쟁하지 않는다는 것을 보여주는 좋은 예이다. 이는 기술이나 과정, 관리자 교육, 영업 과정 등 모든 과정에서 사용할 수 있다. 그 이유는 참가자들이 자신의 업무에 직접 활용할 수 있는 것들을 스스로 더 잘 찾아낼 수 있기 때문이다.

인간의 뇌는 자발적인 활동성을 가지고 있다. 생각을 하지 않기 위해 어떤 생각을 억누를 때 그 생각은 더 자주 하게 된다. 이는 뇌의 활동 과정에서 억압에 저항하는 특성이 있기 때문이다. 이것이 뇌의 자발성이다. 뇌는 자유를 좋아하고 자발적으로 활성화되고 싶어 한다. 이런 자발성이 창조적 사고에 필요한 어떤 번뜩임을 일으키는 것이다. 그래서 머릿속에 많은 생각들로 꽉 차 있을 때보다는 생각거리가 없어 다소 지루한 느낌이 들 때 뇌에서는 자발적인 활동을 시작한다. 번뜩이는 아이디어는 바로 이럴 때 떠오르는 것이다. 하지만 멍하니 있다고 좋은 생각이 떠오르는 것은 아니다. 집중력이든 창의력이든 그동안 축적해 놓은 지식의 창고로부터 나오는 것이다.

창의적인 활동을 하기 위해서는 긴장을 푼 상태에서 집중력을 발휘할 때 가능하므로 무엇보다도 집중할 수 있는 고요한 시간이 필요하다. 그러므로 아이가 자기만의 시간을 가지고 어떤 일에 몰두하고 있을 때 자꾸 끼어드는 것은 결코 바람직하지 않다. 아이가 생각에 잠겨 있거나 책을 읽고 있을 때 아이에게 간섭하지 않는 것이 좋다.

동기부여에서 가장 중요한 요소는 하려는 의지이다. 의지를 가지고 있다는 것은 수동적으로 어쩔 수 없이 행동하는 것이 아니라 긍정적으로 생각하고 행동으로 실천하며 나아간다는 것이다. 스스로 찾은 동기부여는 열정을 갖게 하고 성공으로 가는 길로 이끌어 준다. 그런데 그 길로 가기 위해서는 중요한 것이 결과로 나타나는 보상이다. 어린아이, 학생, 어른, 부모들도 보상을 원한다. 보상은 외부적인 것으로 꼭 물건일 필요는 없다. 아이들에게 부모가 "잘했다. 엄마는 네가 자랑스럽다!"라고 말하는 것도 보상이다.

동기를 부여하는 사람에게 가장 중요한 것은 좋은 질문을 하는 것이다.

"자네 생각은 어떤가?"

'당신의 의견을 듣고 싶다'는 경영자의 질문은 직원으로 하여금 내 의견을 듣고 싶어 하고 내 존재를 인정해 주는 것 같아 자존감을 높인다. '어떻게 대답해야 하지?'라는 생각이 직원으로 하여금 창조적인 생각을 하게 만든다.

내적 동기, 즉 자발적 동기를 유발하는 데 필요한 3가지 조건이 있다.

첫째는 뚜렷한 목표가 있어야 한다.

둘째는 목표를 달성하는 과정에 스스로 알 수 있는 즉각적인 피드백이 있어야 한다.

셋째는 각자의 능력에 적합한 도전이 있어야 한다.

이 3가지 조건을 완벽하게 만족시켜 주는 것이 컴퓨터 게임이다. 게임에는 도달해야 할 목표가 있고, 그 과정에서 점수가 즉각 공개되며, 각 단계별로 도전할 수 있도록 되어 있다. 그래서 학생들은 게임에 자발적으로 푹 빠져 산다. 공부를 게임처럼 할 수 있으면 된다. 그 방법 중의 하나가 하브루타이다.

유대인 중고등학생들의 국제 학업성취도나 올림피아드 성적은 핀란드나 한국, 싱가포르 등의 학생들에 비해 신통치 않은 편이다. 하지만 대학이나 대학원 이상에서의 성취도는 눈부시다. 대학 졸업 후 연구 성과는 더욱 향상된다. 그 이유는 공부를 평생에 걸친 장기 레이스로 보고 오버 페이스를 하지 않는 데 있다. 자기 스스로 하고 싶은 것을 정해서 호기심과 내적 동기를 가지고 꾸준히 매진하는것이다.

자신이 원하는 일에 대한 열정을 키워주는 것이 아이를 행복하게 하는 길이다. 유대인들은 자녀들의 선택과 판단을 존중한다. 그리고 자녀가 자기 주도적인 삶을 만들어갈 수 있도록 인내심을 가지고 지켜본다. 자녀가 잘할 수 있는 일이 무엇인지를 잘 관찰해 끊임없이 격려하고 자극을 준다. 특히 자녀의 진로에 대해 조언을 할 때는 매우 조심한다. 어떤 구체적인 직업이나 대학을 말하는 것은 금물이다. 자녀가 스스로 돌아보고 생각할 수 있도록 해서 아이가 진로나 직업에 대해 질문을 해오면 그것에 대해 성심껏 장단점이나 특징, 장래 가능성 등을 이야기해 주어야 한다. 달란트 교육이든, 진로 교육이든, 꿈을 갖게 하는 것이든 모두 하브루타로 가능하다.

하브루타는 학생들의 호기심에 기초한다. 호기심은 인간이 본능적으로 가진 것이며 아이들에게는 뭔가를 배우겠다는 의욕의 표현이다. 아이에게 호기심을 갖게 하는 것은 많은 것에 관심을 갖게 하는 것이며, 스스로 공부하게 하는 자원이다. 토론을 하려면 스스로 공부를 해야만 한다. 변호사와 검사가 무죄와 유죄를 증명하기 위해 각각 각종 자료를 찾고 조사하고 논리를 만들고 증거를 찾듯이 하브루타는 내적 동기를 지속적으로 자극하는 최고의 방법이다. 우리 교육의 성공은 4~5세 때 호기심으로 넘치는 아이들의 질문을 계속 지속시켜 주기만 해도 되는 것이다.

03

공부하는 이유가 분명해야 지속성이 가능하다

아이가 공부를 잘하기 위해서는 공부하고 싶다는 내적 동기가 강해야 한다. 그렇지 않으면 부모가 아무리 공부하라고 잔소리해도 작심삼일이다. 아이가 스스로 공부에 몰입해야 학습력이 오랫동안 지속될 수 있다. 한 분야에 '1만 시간의 노출'이 가능하려면 내적 동기에 의한 지속성이 없이는 불가능하다. 아이로 하여금 공부하고 싶다고 만드는 내적 동기의 힘은 아이의 뇌에서 비롯된다. 아이들 중에는 '보상의 뇌'가 발달해 어떤 과제에 성공하고 보상받을 때 에너지가 생기는 아이가 있는가 하면, 다른 사람과의 관계를 중요시하고 인정받고 싶다는 욕구가 강해 칭찬을 받아야만 에너지가 생기는 아이도 있다. 어떤 아이는 가지고 있는 에너지가 강해 끊임없는 호기심과 탐구력으로 자기 스스로를 독려하며 앞으로 나아가기도 하고, 또 어떤 아이는 목표만 주면 그것이 당연히 자신의 할 일이라고 생각해 매진하기도 한다.

능동적인 학습은 수동적인 학습보다 더 효과적이지만 학습 활동 그 자체가 더 좋은 학습 효과를 가져오는 것은 아니다. 학생들이 물리적, 정신적 에너지를 활동에 쏟아 부어 자신이 현재 배우고 있는 것이 의미 있는 것이라는 것을 깨우칠 때 적극적인 학습이 이루어진다.

연구에 의하면 인간은 읽은 것을 10%, 들은 것은 20%, 본 것은 30%를 기억한다고 한다. 듣고 본 것은 50%, 기억하고 말한 것은 70%, 기억하고 말하고 행동한 것은 90% 기억한다고 한다. 깊이 있는 학습이란 자신의 교육을 스스로 관리하고 새로운 것을 이해하고 창조하며 표면 아래 숨어 있는 의미를 찾는 것이다. 그런 의지는 내적 욕구에서 생겨나기도 하고 반대로 의욕을 불러일으키기도 한다.

몇 년 전 심리학자 에드워드 데시와 리처드 라이언은 동기와 보상에 대한 해답을 찾고자 심리 실험을 했다. 우선 24명의 학생들에게 7개의 정육면체 조각으로 이루어진 소마 큐브를 주면서 여러 가지 모양을 만들도록 했다. 그 조각들을 맞추는 방법은 무수히 많지만, 중요한 것은 한 번의 시도로 특정한 형태를 만들어 내는 것이었다. 학생들은 한 명씩 심리연구센터로 와서 이 기묘하고도 매혹적인 게임을 만났다.

처음 출석한 지원자들은 4개의 그림을 받고 소마 큐브를 이용해 그림들을 그대로 재연하려고 노력했다. 몇 분 뒤 실험자는 방에서 나가 유리문으로 학생들을 지켜보았다. 지켜보거나 격려해 주는 사람들이 아무도 없는 상황에서 혼자서 소마 큐브를 얼마나 오래 가지고 노는지 보기 위해서였다. 책상에는 「타임」, 「뉴요커」, 「플레이보이」 같은 유혹거리들이 놓여 있었다.

몇 주 뒤 학생들은 다시 센터에 와서 거의 똑같은 일을 했다. 다만 이번에는 학생들의 반인 A그룹이 정답을 맞히는 대가로 현금을 받았다. 지난번과 마찬가지로 실험자들은 8분 동안 자리를 비웠다. 역시 예상대로 대가에 관해 전혀 몰랐던 나머지 학생들은 전과 동일한 시간 동안 퍼즐을 했지만, A그룹의 학생들은 소마 퍼즐을 가지고 씨름하는 시간이 늘었다.

그러나 1주일 뒤 세 번째 실험에서 벌어진 기묘한 현상은 학교가 어떻게 학생들의 호기심을 죽일 수 있는지 창의적인 사람들은 어떻게 그런 비운을 피하는지 여실히 보여주었다. 심리학자들은 A그룹 학생들에게 앞으로는 돈을 줄 수 없다고 말했다. 그러고 나서 실험자들이 8분 동안 자리를 비우자 앞선 실험에서 돈을 받았던 A그룹 학생들은 갑자기 퍼즐 맞추기에 흥미를 잃어 퍼즐에 쏟아 붓는 시간이 현저하게 줄었다. 반면 어떤 외적 보상도 받지 못한 학생들은 예전 수준으로 퍼즐에 참여했다.

데라와 라이언을 비롯한 여러 사회 심리학자들의 수많은 연구를 통해 외적 동기가 오히려 흥미를 떨어뜨릴 수 있다는 결론에 도달했다. 그 동기들에 조종당하는 느낌을 받을 때는 더욱 그랬다. 데시와 라이언의 실험에서 과제 대가로 돈을 받은 학생들은 흥미를 잃어버린 반면 자발적으로 과제를 수행한 학생들은 꾸준함을 보였다. 이러한 연구 결과는 큰 의미를 지닌다. 아이들이 아무리 기대감과 호기심을 가지고 학교에 들어가도 학교는 내적 동기를 모조리 박살낼 정도로 외적 보상을 아이들에게 마구 뿌려댄다. 어린 나이에 좋은 성적을 받기 위해 공부하는 법을 배우고 통제력 상실을 느끼고 남에게 조종당하는 듯한 느낌을 받는다.

성공한 사람들은 거의 모두 외적 보상이 아닌 내적 동기, 즉 공부해야 하는 이유를 자기 안에서 찾아냈다. 그들은 자신만의 자질과 시각을 깨달았으며 자기 반성을 통해 열정을 불태울 수 있는 대상을 발견하였다. 그들은 공통적으로 어린 시절에 가졌던 호기심에 의한 질문을 가졌다. 세상에 대한 호기심이 충만해 어떤 분야건 열심히 파고들었다. 또한 정신의 역동적인 힘을 깨닫고 창의성을 발견하는 과정에서 기쁨을 느꼈다. 누구나 저마다 개성을 가지고 있음을 알기 때문에 다른 이들의 특별한 성과로부터 혜택을 누릴 수 있다는 사실 역시 이해했다. 때로는 세상사에 부대끼며 넘어지기도 했지만 학문의 명예 같은 외적 보상에 매달리기보다는 배움의 순수한 기쁨, 창의적 인간으로서의 성장, 사회 참여를 추구해 성공을 거두었다. 이런 사람들은 삶의 의미와 목적을 찾고 자신만의 가치관을 형성하기 위해 노력하고 의미 있는 삶을 만들어 줄 장소와 사고방식을 찾아 나선다.

자신의 교육을 스스로 관리하고 남이 아닌 바로 나 자신이 교육의 주인공임을 깨닫는 것만으로도 성공에 한층 더 가까이 갈 수 있다. 우선 배울 수 있는 기회가 주어져야겠지만 기회가 주어진다 해도 배움을 계속해 나갈 동기가 필요하다.

04

칭찬이 무조건 좋은 것은 아니다

평소에 칭찬을 많이 받고 자라는 경우 그 칭찬이 과해지면 아이는 자신이 자신 있는 것 외에는 시도하지 않는 경우가 많아진다. 평소에 똑똑하다거나 머리가 좋다라고 칭찬을 받은 아이는 자신이 성공하지 못할 것 같은 일은 시도조차 하지 않는다. 어려운 일은 '난 이건 못해'라고 미리 결론을 내리고 물러서 버린다. 설령 영재라고 판별할 수 있는 상위 1%에 드는 아이들조차 스스로 자신의 능력을 폄하하거나 자신의 능력을 제대로 인지하지 못해 괴로워한다. 이런 경우 기대감이 낮고 자신의 능력보다 낮은 수준의 일을 시도한다. 노력의 중요성을 과소평가하고 부모에게 받아야 하는 도움의 정도를 과대평가한다.

부모들은 흔히 자녀의 지능이나 능력을 칭찬하면 아이에게 도움을 준다고 생각한다. 부모들은 기회가 생길 때마다 칭찬을 퍼붓는다. 그런 칭찬은 여러 가지 방법으로 이어진다. 장난감을 사주고 용돈을 주고 맛있는 것을 사준다.

똑똑하다고 반복적으로 듣고 자라 자신이 정말 똑똑하다고 믿는 아이는 학교 공부에서 어려운 문제를 만나도 결코 굴복하지 않을 것이라고 부모들은 기대한다. 지속적으로 칭찬을 해주면 아이가 재능을 스스로 꽃피울 것이라고 생각하는 것이다.

이런 기대와는 달리 지능을 칭찬받은 아이는 도전과 모험을 하지 않는다. 선천적으로 똑똑하게 태어났다고 생각하는 아이는 노력에 가치를 부여하지 않는다. 스탠퍼드 대학교 캐롤 드웩 교수는 아이들을 두 그룹으로 나누고 아주 단순한 퍼즐을 풀게 했다. 한 그룹에게는 '똑똑하다'는 칭찬을 하고, 다른 한 그룹에게는 '열심히 한다'라고 칭찬을 했다. 그리고 그들에게 두 번째 시험을 선택하게 했다. 한 가지는 첫 번째 시험보다 어렵지만 퍼즐을 풀었으니 전보다 실력이 나아졌을 것이라고 말해 주었다. 그리고 첫 번째 퍼즐과 거의 같은 수준의 쉬운 문제라고 알려 주었다. 열심히 한다고 노력에 대해 칭찬을 받은 아이들 중 90%는 더 어려운 문제를 선택했다. 반면 똑똑하다고 지능에 대해 칭찬을 받은 아이는 대부분 쉬운 문제를 선택했다. '똑똑하다'고 칭찬받은 아이들이 오히려 어려운 문제를 피한 것이다.

왜 이런 일이 일어났을까? 아이들에게 지능을 칭찬하면 자신이 도전해야 할 게임이 '똑똑하게 보이기'가 되므로 실수를 할 수 있는 모험에 나서지 않는다. 쉬운 문제를 풀어서 좋은 성적을 통해 똑똑하다는 것을 보여 주어야 하는 것이다.

세 번째 시험은 이 아이들에게 매우 어려운 문제였다. 그런데 이 문제를 접한 아이들의 반응은 아주 달랐다. 노력에 대해 칭찬을 받은 아이들은 세 번째 어려운 시험에서 실패한 이유는 충분히 집중하지 않았기 때문이라고 생각했다. 이 아이들은 매우 열심히 문제를 풀었고, 각각의 퍼즐마다 온갖 해결책을 적극적으로 시도했다. 상당수가 자신이 좋아하는 문제라고 말하기도 했다. 하지만 지능에 대해 칭찬을 받은 아이들은 어려운 시험에서 실패한 이유를 사실은 자신이 똑똑하지 못하기 때문이라고 생각했다. 이들은 문제를 접했을 때 긴장하며 땀을 뻘뻘 흘렸다.

마지막 네 번째 시험에서 드웩 교수는 첫 번째 시험만큼 아주 쉬운 문제를 주었다. 그러자 노력에 칭찬을 받은 아이들은 첫 번째 시험에 비해 약 30% 정도 성적이 향상되었다. 하지만 지능에 대해 칭찬받은 아이들은 첫 번째 시험보다 20% 정도 성적이 하락했다.

이 실험은 자신의 실제 지능과 상관없이 무작위로 나누어진 아이들이다. 그럼에도 이런 결과가 나타났다. 아이들이 만일 지속적으로 IQ가 좋다거나 똑똑하다거나 머리가 좋다는 칭찬을 받으면 아이들은 자신이 똑똑하다는 것을 증명해야 한다. 그래서 좋은 결과가 나오지 않을 것 같은 문제에는 도전 자체를 하지 않을 가능성이 높아진다. IQ는 선천적이라고 생각하는 경우가 많기 때문에 그것을 바꾸기는 거의 불가능하다고 여긴다. 부모에게서 물려받은 머리는 자신의 노력으로 어떻게 할 수 없다고 생각하는 것이다. 하지만 아이의 노력에 대해 칭찬하면 자신이 할 수 있는 것에 집중한다.

노력을 강조하면 아이들 스스로 자신을 통제할 수 있다는 생각을 갖게 된
다. 아이들은 자기 자신이 성공을 통제할 수 있다고 믿는다. 그러나 타고난 지
능을 강조하면 아이는 오히려 통제할 수 없게 된다. 실패에 대처할 수 있는 대
책을 주지 못하는 것이다. 타고난 지능이 성공의 비결이라고 믿는 아이는 자연
스럽게 노력을 별로 중시하지 않게 된다. 똑똑하기 때문에 노력하지 않아도 된
다고 생각하는 것이다.

노력으로 가능한 것을 격려해야

아이가 실패와 좌절을 경험하고도 포기하지 않고 더 열심히 노력해서 실패에 대응하는 능력은 인간에게 매우 중요한 능력이다. 이렇게 실패를 잘 극복하는 끈기 있는 사람들은 넘어져도 잘 일어나고 만족감이 장기적으로 지연되는 상황을 맞이해도 동기를 잃지 않고 잘 유지해 나간다. 이런 끈기는 의지를 갖춘 의식적인 행동일 뿐만 아니라 두뇌 회로가 관장하는 무의식적인 반응이다. 즉 아이가 어렸을 때 뇌에 어떤 자극이 들어와 무의식을 형성했느냐가 이런 끈기와 만족 지연에도 영향을 미치는 것이다. 아이가 어렸을 때 엄마가 모두 대신해주고, 아이가 요구하는 것을 모두 들어주면 아이는 만족 지연 능력을 갖추고 싶어도 갖출 수가 없다. 아이가 스스로 무언가를 했다가 실패를 해보고 다시 도전하는 경험을 어렸을 때 하지 않으면 뇌에 그런 회로 자체가 형성되지 않는다.

우리의 두뇌는 좌절을 해도 얼마든지 헤쳐 나갈 수 있다는 것을 학습해야 한다. 지나치게 잦은 보상을 받으며 자란 아이는 보상이 사라지면 그만두게 되고 결국 끈기를 기를 수 없다. 칭찬을 자주 받으며 자란 아이는 그런 칭찬이 주어지지 않은 상태에서는 도전하지 않는 칭찬 중독에 빠지게 된다.

아이가 집에서 칭찬을 많이 듣고 자랐다 하더라도 학교에서는 칭찬을 집에서만큼 들을 수 없고, 나중에 직장에 들어가서는 더욱 들을 수 없다. 그러면 아이는 칭찬이 아닌 야단이나 지적, 비판에 대해 매우 민감하게 되고 그것을 견디지 못한다. 언젠가는 좌절과 실패에 빠져 더 이상 도전하지 않게 될 확률이 높아진다.

칭찬은 오늘날 교육에서 만병통치약처럼 되어 버렸다. 온종일 아이들과 떨어져 있던 부모들은 집에 들어오자마자 칭찬을 하기 시작한다. 함께하지 못했던 미안함을 칭찬이나 용돈, 선물 등으로 무마하려 한다.

'엄마와 아빠는 너를 위해 산단다. 엄마 아빠는 널 믿는다. 엄마와 아빠는 항상 네 편이란다.'

우리의 부모들은 가능한 최고의 학교를 찾아다니며 경쟁하는 환경에 아이들을 밀어 넣는다. 그리고 환경의 강도를 조금이나마 완화하기 위해 끊임없이 칭찬을 한다. 속으로는 너무나도 많은 것을 기대하면서 그 기대치를 숨기고 겉으로는 달콤한 칭찬을 하는 것이다. 그러므로 진정성이 있을 수 없다. 속의 기대치와 겉의 칭찬이 이중적이기 때문이다. 칭찬을 통한 개입은 문제에 대한 해답을 너무 일찍 가르쳐 주어 스스로 판단할 수 있는 기회를 빼앗는 것과 같다. 칭찬에는 이미 평가나 목표치, 기대하는 바가 들어 있다. 착하다는 칭찬에는 그 행동에 대한 평가와 목표치가 제시되어 있다. 아이를 그 목표치와 기대치로 끌고 가는 것이다. 그러므로 아이는 스스로 판단하고 생각하고 결정할 기회를 가지지 못한다.

최고의 학생들은 학문적 명예를 얻거나 단순히 학점을 따는 데 연연하기보다는 정신의 역동적 힘을 성장시키는 것을 주요 목표로 삼고 매진한다. 학생들은 자기 자신을 더 잘 이해하고 자신만의 독특한 자질과 경험의 진가를 깨닫는다. 자신을 이해할수록 자신감이 점점 커지고 다른 이들의 특별한 재능과 성취도 인정할 줄 알게 된다. 무엇보다도 중요한 것은 스스로에게 동기를 부여하는 방법을 찾는다는 것이다.

최고의 교수 중 하나인 폴 베이커 교수는 학생들을 색다른 미래로 이끌어 준다. 학생들은 교수와의 관계 속에서 스스로를 알게 되고 그 깨달음으로부터 창조하고 성장하는 법을 배운다. 그는 수업을 듣는 모든 학생이 자신의 삶을 자기 뜻대로 영위하고, 자신의 내면을 들여다보고, 자신이 누구이며 무엇을 가지고 있는지 탐구하고, 그 내면의 힘을 잘 사용하도록 이끈다.

창의적인 사람이 되기 위해서는 스스로를 이해해야 한다.

폴 베이커 교수는 무엇보다도 먼저 자기 자신에 대해 배워야 하고 그런 다음 자신을 흥분시키는 창의적인 정신 활동을 발견해야 한다고 말한다. 그 일의 면면을 파헤쳐 내적 본질을 찾고 그 가능성을 탐구하고 나면 열정적으로 매진할 수 있다는 것이다.

　　무엇인가를 배우고 싶다면 그 일에 꾸준히 매진해야 한다. 깊이 파고들고 의문을 던지고 실패에 연연하지 않고 계속 나아가며 제일 처음 쉽게 떠오르는 답을 거부해야 한다. 그 답은 가장 일반적이고 상식적일 가능성이 많기 때문이다. 그런 답을 일단 뒤집어야 새로운 답이 시도된다.

　　그에 의하면 부모와 대화를 많이 한 아이는 지능지수가 1.5배 높다고 한다. 결국 부모의 목소리는 최고의 언어 교재다. 부모들은 아이와 대화할 때 목소리 톤을 높이거나 리듬을 주거나 모음을 길게 발음한다. 이런 말투는 고음만 낼 수 있는 아이들에게 친근하게 들리고 따라 하기도 쉽다. 3세 무렵 부모의 목소리를 많이 듣고 자란 아이는 필요한 말만 주고받은 아이들보다 지능지수가 1.5배 높았다. 하버드 대학 연구진은 '아버지 효과' 이론을 발표했다. 이론에 따르면 아버지와 함께 식사를 하는 아이의 언어 능력은 그렇지 않은 아이보다 10배 높았다.

06

어려움이 자기 동기를 만든다

아이가 학교에서 시험을 봐서 100점을 받았을 때 유대인 부모가 칭찬하는 말은 다르다. 대부분 부모들이 "100점 맞았구나, 잘했어"라고 칭찬하지만 유대인 부모는 "이번 시험에서 100점을 맞기 위해 노력하는 네 모습을 봤을 때 엄마는 자랑스러웠단다"라고 말한다. 유대인 부모의 칭찬은 100점을 맞은 결과보다는 100점을 맞기 위해 평소에 노력하는 모습을 칭찬했기 때문에 아이가 100점에 대한 부담감보다는 평소에 더 열심히 해야겠다는 생각을 갖게 만든다. 결과를 칭찬받은 아이는 결과에 더 집착하게 된다.

아이들에게 전구 씹어 먹기나 상어와 함께 헤엄치기와 같은 말을 들려주면 그것이 얼마나 심각한 상황이나 문제인지 느끼지 못한다. 아이들은 떠올릴 만한 과거의 경험이 없기 때문에 고통을 느끼지 못하고 생각을 한다. 청소년들의 두뇌는 추상적인 생각을 할 수는 있어도 추상적으로 느낄 수는 없다. 전구를 씹어서 먹으면 어떤 결과가 올지 생각은 할 수 있어도 그 고통을 느낄 수는 없는 것이다. 그래서 다른 친구를 괴롭히고 때려도 맞아본 경험이 없는 아이는 그 고통이 얼마나 큰지 느낄 수 없다. 아이들은 상어와 함께 헤엄치는 것을 하지 말아야 하는 행동으로 여기는 데 어른보다 시간이 더 걸린다. 그들은 이 상황을 마치 대학에 가는 것이 좋을지를 고민하는 사람처럼 인지적인 영역에서 생각하고 결정을 저울질한다.

"왜 이런 행동을 했니? 이것이 상대방에게 얼마나 큰 고통이 되는지 몰랐어?"

이런 말을 해도 아이는 그 고통을 느낄 수 없다. 적어도 떠올릴 수 있는 삶의 경험, 고통의 경험이 풍부해질 때까지는 불가능하다.

장기적으로 보면 청소년기에 부모와의 적절한 갈등이 있는 것이 전혀 없거나 자주 있는 것보다 더 낫다. 엄마들의 46%가 논쟁은 관계를 파괴하는 행위라고 생각한다. 딸의 도전은 스트레스이고 혼란이며 불경이라고 여긴다. 더 자주 싸울수록 싸움의 강도가 높아지기 때문에 엄마들은 싸움을 해로운 것이라고 믿는다. 하지만 딸들은 겨우 23%만이 논쟁이 파괴적인 것이라고 생각한다. 오히려 많은 아이들이 싸움이 엄마와의 관계를 강화시킨다고 믿는 것이다.

부부관계에서 신혼 시절에 전혀 싸우지 않는 것과 싸우는 경우를 생각해보자. 비 온 뒤에 땅이 더 굳는다고 서로 부딪힘이 있어야 관계가 깊어진다. 싸우게 되면 그것을 해결하는 과정에서 마음속 깊은 이야기를 나눌 수 있게 된다. 그래서 상대방을 더 잘 알게 되고, 이해할 수 있게 된다.

자녀가 거짓말을 가장 적게 하는 부모의 유형은 규칙을 정해 놓고 지속적으로 지킬 것을 요구하지만, 규칙을 정하는 과정에서는 여전히 유연성을 가지고 있는 경우다. 아이와의 언쟁이나 논쟁이 부모들은 파괴적인 상처가 될 것이라고 생각하지만, 청소년들은 그것이 오히려 생산적인 것이라고 생각한다.

부모와 자녀 사이에 언쟁을 하면 화가 나 있는 사람은 자녀가 아니라 부모 쪽이다. 그런 언쟁을 부모들이 더 싫어하고 피하고 싶어 한다. 하지만 자녀들은 그것이 자연스러운 과정이라고 여긴다. 아이들이 말을 잘 듣고 순종하는 것을 부모는 좋아할지 모르지만, 정신 건강으로 보면 반드시 좋은 것이 아니다. 자신의 마음속에 있는 할 말을 하지 못하는 아이일수록 우울할 수 있고, 나중에 크게 사고 칠 가능성이 높아진다.

어려운 경험을 해야 행복이 무엇이고 성공이 무엇인지 알 수 있다. 어렵게 사는 사람을 보아야 동기가 생기고 고난을 경험해야 의지가 생긴다.

07

마음의 도구
프로그램의 힘

유아교육기관 프로그램으로 '마음의 도구' 라는 것이 있다. 이것을 실천하는 유치원은 다른 유치원보다 오히려 교육 도구나 환경 구성이 단순하다. 이 마음의 도구 교육법은 1990년대 덴버 메트로폴리탄 대학의 엘레나 보드로바와 데보라 레옹 박사에 의해 개발되었다. 1년 정도 수업을 진행하고 나서 치른 국가표준시험의 결과는 놀라웠다. 마음의 도구 수업을 들은 아이들은 국가표준에 비해 거의 한 학년 정도 앞선 수준을 보였다. 일반 교육을 받은 유치원생들은 오직 절반만이 '능숙' 정도의 등급을 받은 반면, 마음의 도구 아이들은 97%가 '능숙' 등급을 받았다. 마음의 도구 유치원생들은 표준 성취도 검사에서 전국 상위

14% 안에 들었다. 영재성을 인정받은 아이들은 거의 모두가 마음의 도구 학급 출신이었다.

하지만 더 놀라운 것은 이런 성적이 아니다. 아이들의 행동이나 태도가 달랐던 것이다. 일반 학습의 교사들은 거의 매일 수업에 극도로 방해되는 아이들의 문제 행동을 보고했다. 아이들이 교사를 발로 차기도 하고 서로 물어뜯으며 욕설을 퍼붓고 의자를 집어던지기도 한다는 것이다. 그러나 마음의 도구 학급에서는 이런 보고가 들려오지 않았다.

소방서 수업을 예로 들어보자. 일단 수업이 시작되면 교사가 지금부터 소방서 놀이를 할 거라고 말한다. 지난주에 소방관에 대해 배웠기 때문에 교실 안은 소방서, 다른 쪽은 구조를 요청하는 집 등 총 4개의 다른 구역으로 꾸며져 있다. 소방차 운전수, 119 안내원, 소방관, 구조가 필요한 가족 등 아이들이 각자 맡고 싶은 역할을 고른 후 교사에게 말한다.

이후 아이들은 교사의 도움을 받아가며 개인적인 '놀이 계획안'을 짠다. 각자 고른 역할에 맞게 자신의 그림을 그리고, 종이의 빈 공간에는 능력이 허락하는 한 문장을 써 넣는다. 글씨를 모르는 아이들은 자신만이 아는 몇 개의 선이나 기호로 표시한다.

계획안을 완성한 뒤 아이들은 자신의 계획에 따라 맡은 역할에 충실하게 놀이를 시작한다. 놀이는 45분 동안이나 계속된다. 아이들은 계속해서 자기 역할을 유지하면서 스스로 동기를 부여한다. 주의가 산만해지거나 말다툼이 생기면 교사가 "네 놀이 계획에 있는 거니?"라고 물어본다. 또 다른 날은 같은 시나리오 안에서 다른 역할을 고른다. 교사는 놀이를 촉진시키기는 하지만 그 어떤 것도 직접 가르치지 않는다.

놀이가 마무리될 즈음에 교사는 CD를 넣고 '청소 노래'를 틀어준다. 음악이 시작되자마자 아이들은 놀이를 중단하고 정리와 청소를 시작한다. 교사는 단 한 마디도 하지 않는다. 이후 아이들은 '친구와 함께 읽기'라는 활동을 시작하기 위해 짝을 지어 서로 얼굴을 보고 앉는다. 한 아이는 입술을 그린 커다란 종이를 들고 있고 맞은편 아이는 귀를 그린 종이를 들고 있다. 입술을 들고 있는 아이가 책을 넘기며 그림책에서 본 것을 이야기한다. 귀를 들고 있는 아이는 듣고 나서 이야기에 대해 질문을 한다. 그런 다음 두 아이의 역할을 바꾸는 것이다.

이 프로그램이 효과가 좋은 이유는 무엇일까? 바로 글로 쓰는 놀이 계획안과 그에 기초해서 벌어지는 긴 놀이 시간이다. 거의 대부분의 세계 유치원에서는 소방서 놀이를 한다. 그러나 보통 10분 정도면 시나리오가 끝난다. 가짜 소방 호스를 가짜 불에 갖다 대는 것이 한 가지 활동이다. 아이들은 금세 다른 아이들이 하는 일에 주의를 빼앗기고 새로운 놀이를 향해 떠난다. 시간이 흐를수록 다른 자극이 필요하기 때문이다. 놀이는 재미있는 무작위성을 가지고 있지만 지속되지는 않는다. 마음의 도구 학습에서는 교실 안의 서로 다른 영역을 다양한 배경 무대로 설정하고, 아이들에게 각자의 역할에 맞게 놀아 보라고 요구함으로써 놀이가 훨씬 더 정교하고 상호작용을 바탕으로 한 놀이가 된다. 집에서 119에 전화를 거는 아이, 전화를 받는 119대원, 출동하는 소방차 등등 다양한 역할이 가능하다. 이는 보다 사려 깊고 성숙하며 다양한 차원을 가지고 지속되는 놀이다.

스스로 관심을 지속시킬 수 있는 능력이야말로 마음의 도구 수입의 핵심적인 초석이다. 부모들은 보통 자녀에게 선생님 말에 집중하고 순종하라고 가르친다. 주의가 산만하면 학습이 안 된다는 것을 인정하는 것이다. 그러나 마음의 도구는 동전의 반대 면을 강조한다. 아이들이 자신이 고른 활동에 푹 빠져 있으면 주의가 산만해지지 않는다는 생각이다. 아이들은 직접 쓴 놀이 계획안에 명시한 역할을 해냄으로써 철저히 그 순간 속에 존재한다.

1950년대 러시아에서 실시한 유명한 실험에서 아이들에게 최대한 오래 움직이지 말고 서 있으라고 했더니 2분을 버텼다. 두 번째 집단에게는 보초를 서는 군인인 척 해보라고 했더니 11분을 버텼다. 그 이유는 상상놀이가 재미있기 때문이다. 아이들은 자신이 흥미를 느끼는 게임을 선택해 성취동기를 부여할 수 있으며, 이런 성취동기는 자기 통제를 가르쳐 준다.

마음의 도구가 삼고 있는 최종 목표는 단순히 올바르게 행동하는 아이가 아니라 자기 조직적이고 자기 주도적인 아이로 만드는 것이다. 시범 수업을 실시한지 단 3개월 만에 뉴멕시코 주의 마음의 도구 교사들은 1개월 동안 교실에서 일어난 사건 사고를 40건 넘게 보고하던 과거에 비해 0건으로 줄이는 결과를 확인했다. 마음의 도구 아이들은 스스로를 통제하기 때문에 산만해지지 않는다.

이 프로그램은 신경과학의 강력한 지지를 받고 있다. 두뇌의 전두엽은 예측과 계획, 충동제어, 문제에 대한 제구력, 생각의 조화를 통한 목표 성취 등의 실행 기능을 관장한다. 사실 실행 기능은 어른들의 속성이지만 취학 전 아동기에 이미 시작되고, 이 시기에 형성된 실행 기능은 평생의 기반이 된다.

놀이는 아이들의 직업이다. 놀이는 아이들이 삶의 기술을 배우고 자신이 좋아하는 것을 찾을 수 있는 가장 효과적인 방법이다. 주의집중력은 자기 통제력의 첫 단계라고 했는데 아동기 전반에 걸쳐 지속적으로 좋아지며 십대 후반이 되면 성인 수준에 이른다.

놀이에서 가장 중요한 것은 아이들에게 '놀이의 규칙'을 따르도록 하는 것이다. 예를 들어 병원 놀이를 하려면 의사처럼 행동하거나 간호사처럼 행동해야 한다. 제멋대로 아이처럼 행동하려는 충동을 억제해야 한다. 그러면 아이들은 어린 시절의 놀이 경험을 통해 어른이 돼서도 원하는 목표를 달성하기 위해 행동을 통제할 수 있다.

'스스로 관심을 지속시킬 수 있는 능력'을 키우는 것이 마음의 도구 프로그램의 핵심 목표이다. 아이들이 스스로 고른 활동에 푹 빠져 있으면 주의가 산만해지지 않을 것이라는 생각에서 이 프로그램은 출발했다. 아이들은 여러 가지 생각을 동시에 하고 함께 쌓아 가는 이성적인 처리 과정을 배우게 된다.

반성적 사고에서 반성이란 마음속에서 이루어지는 내면의 대화로 반대의 대안을 저울질하고 면밀하게 검토하는 과정이다. 이러한 사고의 대화는 생각하기도 전에 행동부터 나오는 충동적인 반응과는 전혀 반대가 된다. 어른들은 자신의 머리에 들어 있는 여러 가지 생각들을 충분히 검토하고 분별할 수 있는 능력이 있지만, 아이들은 내면의 목소리를 듣고 깊이 생각하기 어렵다. 마음의 도구는 바로 아이가 스스로 사고를 정립하고, 자신의 내면의 소리에 귀를 기울이게 하는 프로그램이다. 아이들은 수업 중에도 충동적으로 반응하기보다는 스스로 주의산만을 조절하는 것이다.

마음의 도구는 먼저 머릿속에 들어 있는 목소리를 큰 소리로 말하도록 가르침으로써 개인적인 언어 사용을 격려한다. 이때 아이들은 활동을 통해 혼잣말을 한다. 아이들이 이렇게 혼잣말로 중얼거리면서 자신이 묻고 스스로 대답하는 자문자답 하브루타를 한다.

마음의 도구는 읽기든 쓰기든 친구들과 함께 하면서 친구에게서 배우고 친구를 가르친다. 아이들은 짝을 지어 글씨 쓰기 연습을 한다. 쓰기를 다 하면 서로 누구의 글씨가 가장 훌륭한지 동그라미를 해준다. 한 아이가 이 확인 작업을 너무 빨리 처리하자 다른 아이가 불평한다. 아이들은 이런 과정을 통해 서로 사회화 과정을 거치고 양보하고 기다리는 능력을 기른다.

3부

하브루타 수업과 공부의 실제

하브루타 수업, 어떻게 할 것인가? | 성적과 실력을 모두 높이는 공부 방법

1장

하브루타 수업, 어떻게 할 것인가?

수업 중 친구 가르치기 | 질문 중심 하브루타 수업 | 논쟁 중심 하브루타 수업
비교 중심 하브루타 수업 | 친구 가르치기 하브루타 수업 | 문제 만들기 하브루타 수업

01

수업 중
친구 가르치기

학교 수업에서 하브루타를 도입하기 위해 가장 먼저 해야 할 일은 교사 자신이 하브루타가 최상의 공부임을 분명하게 이해하고 인식하고 있어야 한다. 그리고 교사 스스로 일상생활 속에서 하브루타를 지속적으로 실천해야 한다. 교사들끼리나 같은 관심사를 가진 친구들끼리 정기적으로 모여 질문, 토론, 논쟁을 하는 것이 가장 먼저 할 일이다. 교사 자신이 하브루타가 몸에 익으면 학교 수업에서 하브루타는 저절로 되고, 집에서도 자녀들과 하브루타가 익숙해지게 된다.

교사가 동료 교사나 친구들과 하브루타를 지속적으로 하게 되면 수업은 자연스럽게 하브루타가 된다. 방법은 책을 읽고 정기적으로 모여 토론하거나, 주제를 정해 토론하거나, 수업한 것을 놓고 더 좋은 방안을 토론하거나, 영화를 보고 토론을 하는 등 여러 가지가 있을 수 있다.

교사가 하브루타가 최고의 공부임을 확실하게 알았다면 그 다음에 할 일은 학생에게 하브루타를 확실하게 인식시키는 것이다. 교사가 일방적으로 하브루타를 수업에 적용하면 학생들은 왜 하는지도 모르고 우왕좌왕할 가능성이 높아진다. 그동안 계속 듣는 공부를 하거나 혼자 책을 읽으면서 공부한 학생들은 하브루타 방식이 낯설 수밖에 없고 반발심마저 생길 수 있다. 특히 수능을 앞두고 있는 고등학생들은 지금까지 공부한 방식과 다른 방법에 대해 불안과 두려움마저 느낄 것이다.

그래서 학생들에게 하브루타 방식이 왜 최상의 공부인지에 대한 분명한 인식이 필요하다. 하브루타 공부 방법으로 같은 내용, 같은 시간 공부한 다음에 시험을 봐서 그 결과를 눈으로 직접 확인하면 가장 확실할 것이다.

학교 수업에서 하브루타를 가장 쉽게 도입하는 방법은 친구 가르치기를 하는 것이다. 30분 동안 교사가 해오던 방식으로 교수 활동을 하고, 나머지 10~20분 동안을 친구 가르치기를 시도하는 것이다. 교사가 교수 활동을 30분 동안 하면 초등학교는 10분, 중학교는 15분, 고등학교는 20분의 시간이 남는다. 이 시간을 앞에서 교사가 교수 활동한 내용을 둘씩 짝을 지어 서로 설명하고 가르치는 방법이다.

물론 수업 전체가 하브루타가 되면 좋지만, 수업 방법을 단시일에 모두 바꾸는 것은 어려운 일이다. 교사나 학생에게 익숙하지도 않다. 그래서 친구 가르치기를 일정 부분 도입하는 것이 하브루타를 접목하는 가장 쉬운 방법이다. 이 방법은 특별한 준비가 필요 없기 때문이다.

교사는 지금까지 하던 방식대로 교수 활동을 그대로 하되, 그 시간만 압축하면 된다. 나머지 시간에 둘씩 짝지어 교사에게 들었던 내용을 친구에게 전달하듯이 설명한다. 학생들은 10~20분의 시간을 반으로 나누어 서로 바꾸어 가르치거나 그 다음 시간에 바꾸거나 하는 것이다. 설명을 듣는 친구는 그냥 듣는 것이 아니라 중간 중간에 질문하는 것이 의무다. 이렇게 서로 주고받으면서 가르치고 배우는 것이다.

이 방법은 단순해 보이지만 매우 효율적인 방법이다. 그 장점을 몇 가지 생각해 보자.

첫째, 교사나 학생이나 특별한 준비 없이 하브루타를 수업에 적용할 수 있다. 교사는 단지 교수 활동을 압축해서 줄이면 되고, 학생은 수업 전에 특별한 준비 없이 교사가 가르치는 내용을 친구에게 다시 한 번 설명하면 된다.

둘째, 학생은 교사의 교수 활동에 집중할 수밖에 없다. 학생들은 친구에게 가르치려면 교사가 가르치는 내용을 집중해서 이해해야 한다. 다른 생각을 하거나 졸면 친구를 가르칠 수 없고, 그러면 자기도 손해이지만 친구에게 손해를 끼치게 된다.

셋째, 학생들은 친구에게 배운 내용을 설명하면서 복습, 요약, 메타인지가 된다. 우리가 단순하게 듣는 강의는 얼마 안 되어 바로 잊게 되어 있다. 하루만 지나도 5%밖에 남지 않는다. 그래서 반복이 필요하고 복습이 필요하다.

에빙하우스의 망각곡선에 의하면 초기의 망각율이 매우 높기 때문에 교수 활동이 끝나자마자 바로 친구에게 설명하면 잊어버리는 비율을 최소화할 수 있다. 더불어 배운 내용을 요약할 수 있고, 설명하면서 자신이 분명하게 알고 있는 것과 모르는 것을 파악할 수 있다. 그래서 메타인지가 된다.

넷째, 친구를 가르치면서 자신은 90% 남는 공부를 할 수 있다. 친구 가르치기의 학습 효율성은 가장 높다. 친구를 가르치면서 공부한 내용을 확실하게 내 것으로 만들 수 있다.

다섯째, 설명을 듣는 친구는 친구가 설명하는 내용을 들으면서 중간 중간에 질문을 하면서 공부할 수 있다. 질문을 받는 친구는 자신이 놓친 부분을 확인할 수 있고, 질문하는 친구는 모르는 것을 알게 되어 공부가 된다.

여섯째, 말하면서 공부하기 때문에 능동적이고 즐거운 공부가 된다. 선생님께 배운 내용을 친구에게 설명해 주면서 떠들 수 있기 때문에 공부가 즐겁고 재미있다. 더불어 더 알고 싶은 욕구를 자극하게 되고 자기 동기를 갖게 한다. 즉 자기 주도 학습을 가능하게 하는 것이다.

일곱째, 친구 관계가 좋아진다. 앞만 보면 옆에 있는 짝과 친해지기 어렵다. 친구는 경쟁 관계로 이겨야 하는 존재다. 하지만 친구 가르치기로 공부하면 친구와 훨씬 친해지게 되고, 상생의 공부가 된다. 배워서 남 주는 관계가 되는 것이다.

여덟째, 교사는 10~20분 동안 여유를 가지고 수업에 임할 수 있다. 학생들끼리 짝을 지어 서로 설명하면 교사는 강의를 하지 않아도 된다. 돌아다니면서 학생들의 질문을 받거나 서로 가르치기가 잘 안 되는 학생들을 도와주면 된다. 교사는 훨씬 여유로우면서도 학생들은 치열하게 공부하게 된다.

이 외에도 친구 가르치기의 장점은 너무도 많다. 교실이 살아나고, 역동적이게 되고, 조는 학생들이 사라지고, 다른 생각을 하는 학생들도 사라진다.

이 방법을 도입하면서 교사들은 학생들이 토론하면서 공부와 상관없이 수다를 떠는 쪽으로 흐를까 걱정한다. 하지만 필자는 학생들이 다른 수다라도 떠는 것이 교사의 강의를 멍하게 듣고 있거나 졸거나 하는 것보다 훨씬 바람직하다고 생각한다. 학생들이 수다를 떨면 마음속에 쌓인 것들을 털어낼 수 있고 친구와 친해지기라도 하기 때문이다.

02
질문 중심 하브루타 수업

　질문 중심의 하브루타는 학생들이 본문을 읽고 질문을 만들어서 먼저 짝과 일대일 토론을 한 다음에 둘이서 가장 좋은 질문을 뽑고, 그 뽑힌 질문으로 모둠끼리 토론을 하고, 그 모둠에서 가장 좋은 질문을 뽑는다. 그 질문을 가지고 집중 토론을 한 후 그 내용을 정리 발표하고, 교사가 정리해 주는 수업이다.

　토론하는 수업이 진행되는 도중에 다음 단계에 대한 안내는 미리 시간을 알려주고, 빔을 통해서 하거나 벨이나 종소리 등으로 구분하여 다음 단계로 진행한다.

① 교재 읽고 질문 만들기

② 만들어 온 질문을 유형별로 구분하기

③ 만들어 온 질문으로 둘씩 짝지어 먼저 토론하기

④ 짝과의 질문 중에서 최고의 질문 뽑기

⑤ 최고의 질문으로 모둠별로 토론하기

⑥ 최고의 질문 뽑기

⑦ 그 질문으로 토론하기

⑧ 토론 내용 정리하기

⑨ 각 모둠 발표하기

⑩ 교사와의 쉬우르

질문 중심의 하브루타 수업은 질문 만들기 → 짝 토론 → 모둠 토론 → 발표 → 쉬우르 과정을 거치는 수업 모형으로 다양한 변형이 가능한 수업 형태이다. 수업에 질문이 중심이라면 이 모형에 해당한다.

1 질문 만들기

교과서나 교재를 철저하게 읽고 질문을 만들어 오게 한다. 집에서 미리 만들어 오는 것이 좋다. 그것이 어렵다면 질문 만드는 시간을 따로 준다. 학생들의 수준이나 학년에 따라 2개부터 20개 이상까지 다양하게 분량을 제시할 수 있다. 수업 시간이 충분하다면 개수를 늘리고, 그렇지 않다면 학생당 2~3개씩 뽑아 와도 상관없다.

어느 정도 훈련이 되었다면 질문을 뽑을 때 내용, 심화, 적용, 메타 등으로 구분하게 하는 것도 좋은 방법이다. 포스트잇으로 붙이면서 진행할 경우 질문을 포스트잇에 하나씩 따로 적게 하면 수업에 편리하다.

필요에 따라 포스트잇에 적은 질문들을 질문판에 유형별로 구분하여 붙이게 한다. 질문들을 내용, 심화, 적용, 메타로 구분하여 붙인다.

■2 짝 토론

만든 질문으로 둘씩 짝을 지어 질문과 대답, 반박을 주고받으면서 하브루타를 하는 시간이다. 질문은 서로 번갈아가면서 하는 방법이 있고, 한 사람이 끝까지 하고, 다시 다른 사람이 질문하는 방법이 있다. 대답을 듣고 후속 질문을 하여 한 질문을 가지고 길게 하브루타 할수록 좋다. '질문이', '지킴이' 등으로 명찰을 만들어 진행하는 것도 좋은 방법이다.

질문하는 사람은 주로 질문과 반박을 하면서 공격을 하고 대답하는 사람은 논리를 대고 증거를 대면서 주로 방어를 한다. 그 역할을 질문 하나마다 바꿀 수도 있고, 반반씩 나누어서 진행할 수도 있다.

질문과 답변이 어느 정도 마무리되면 만든 질문 중에서 둘이 합의하여 가장 좋은 질문을 하나 뽑는다. 좋은 질문은 다른 사람이 생각하기 어렵고, 독특하고, 치열한 논쟁이 가능하고, 다양하게 상상할 수 있는 질문이다.

3 **모둠 토론**

모둠은 4~6명 정도가 적당하다. 둘씩 짝지어 두 팀이 모이거나 세 팀이 모이는 것이다. 4명이면 좋은 질문이 2개가 나오고, 6명이면 좋은 질문이 3개가 나온다. 각각 짝 토론을 통해 뽑은 좋은 질문을 가지고 모둠끼리 자유롭게 토론하는 것이다. 돌아가면서 한 질문씩 제시하고 그 질문에 대해 서로 답변, 반박, 재질문을 하면서 자유롭게 토론한다.

토론을 진행하다가 뽑힌 질문 중에서 가장 좋은 질문을 다시 하나 선정한다. 그래서 그 질문을 가지고 토론을 진행한다. 토론은 깊이 들어갈수록 좋다. 이때 필요한 경우 컴퓨터나 스마트폰으로 검색을 해도 상관없다.

모둠별로 최고의 질문을 뽑고 그 질문을 가지고 토론을 진행한 다음, 토론 내용을 정리한다. 뽑힌 최고의 질문과 그 질문을 가지고 토론한 내용을 간략하게 요약 및 정리하여 발표를 준비한다.

4 **발표**

모둠별로 뽑은 최고의 질문과 토론 내용을 한 사람이 발표하는 것이다. 각 모둠별로 발표하여 다른 모둠에서 어떤 질문으로 어떤 토론이 오갔는지 나누는 시간이다. 교사는 학생들의 발표를 들으면서 학생들이 어떤 생각을 하고, 어떤 부분에서 토론이 미흡한지, 교사가 추가로 설명해야 할 부분은 무엇인지 생각하게 된다.

🔳5 쉬우르

쉬우르는 예시바에서 짝끼리 탈무드 논쟁을 한 내용을 랍비가 전체 학생과 질문과 토론을 통해 나누는 시간이다. 교사는 주로 설명하기보다는 질문을 해서 학생들의 사고를 자극하고, 학생들에게서 답이 나올 수 있도록 한다.

학생들이 뽑은 질문, 학생들이 해결하지 못한 질문을 듣고, 그것에 대해 다시 질문하여 학생들이 자유롭게 생각한 것을 이야기하도록 이끈다. 그 시간에 학생들이 반드시 알아야 하는 내용들에 대해 질문하여 학생들이 말을 하면서 정리할 수 있도록 도와준다.

03

논쟁 중심
하브루타 수업

논쟁 중심의 하브루타는 논쟁할 논제, 즉 이슈를 정한 다음에 그 논제를 중심으로 짝 토론과 모둠 토론을 진행하는 방법이다. 가위바위보나 의논을 통해 논제에 대해 짝끼리 찬성과 반대 입장을 각각 정하게 한다. 미리 집에서 인터넷이나 신문 등을 통해 조사하거나 부모에게 물어 각 입장에 대한 근거 자료들을 조사한다. 각각 조사한 내용을 바탕으로 먼저 짝과 일대일 토론을 한 다음에 둘이서 논쟁을 통해 더 좋은 입장을 정하고, 그 입장을 내어 놓고 모둠끼리 토론을 하고, 그 모둠의 입장을 정해 그 근거들을 정리한다. 논제에 대한 입장과 근거들을 정리한 다음 그 내용을 정리 발표하고, 교사가 정리해 주는 수업이다.

논쟁하는 수업이 진행되는 도중에 다음 단계에 대한 안내는 미리 시간을 알려주고, 빔을 통해서 하거나 벨이나 종소리 등으로 구분하여 다음 단계로 나아가도록 한다.

① 논제 정하기

② 논제에 대해 찬성 반대 정하기

③ 각 입장에 따라 철저하게 조사하기

④ 각 입장에 따라 둘씩 짝지어 논쟁하기

⑤ 짝과의 논쟁을 통해 짝 입장 정하기

⑥ 각 입장 내놓고 모둠별로 토론하기

⑦ 모둠별로 입장 정하기

⑧ 그 입장의 근거 정리하기

⑨ 각 모둠의 입장과 근거 발표하기

⑩ 교사와의 쉬우르

논쟁 중심의 하브루타 수업은 논제 조사하기 → 짝 토론 → 모둠 토론 → 발표 → 쉬우르 과정을 거치는 수업 모형으로 다양한 변형이 가능한 수업 형태이다. 수업에 논쟁과 이슈가 중심이라면 이 모형에 해당한다.

1 논제 조사하기

토론과 논쟁의 차이는 무엇일까? 두 단어 모두 론論이 들어간다. 론論의 사전적인 의미는 '사리를 밝히다, 헤아리다, 사물의 이치를 헤아리다' 등으로, 토론과 논쟁에서는 '사리를 밝히다'의 의미로 쓰인다. 국어사전에는 토론이 '어떤 문제에 대하여 여러 사람이 각각 의견을 말하며 논의함'이고, 논쟁은 '서로 다른 의견을 가진 사람들이 각각 자기의 주장을 말이나 글로 논하여 다툼'이라고 나와 있다. 논의란 '어떤 문제에 대하여 서로 의견을 내어 토의함'이다.

그러므로 토론은 '하나의 주제를 가지고 각각의 사람들이 개인의 의견을 교환하는 것'이다. 논쟁은 '하나의 주제를 가지고 그 주제에 각각의 의견을 내어 능력껏 다투는 것'이다. 토론은 다투는 것이 아니지만 논쟁은 다투는 것이다. 하지만 언쟁과 논쟁은 다르다. 언쟁은 단순한 말다툼이지만 논쟁은 쟁점을 가지고 다투는 것을 말한다. 각자의 의견을 내어 다양하게 의견을 나누는 것이 토론이고, 쟁점에 대해 의견을 내어 다투는 것이 논쟁이다. 그러나 토론이든 논쟁이든 말싸움인 언쟁과는 철저하게 구분해야 한다.

짝을 지어 질문하고 대화, 토론, 논쟁하는 하브루타의 가장 수준 높은 단계는 논쟁이다. 논쟁은 쟁점을 두고 반대되는 두 입장이 다투는 것을 말한다. 하브루타에서의 논쟁은 초등 고학년이면 시작할 수 있고, 중학생부터는 본격적으로 가능하다. 흔히 요즘은 논쟁과 토론이란 용어를 쓰지 않고 디베이트란 용어를 직접 쓰기도 한다. 디베이트는 '서로 다른 의견을 갖고 있는 사람들이 논제에 대해 격식을 갖춰 논의하는 것'을 의미하며 일정한 형식을 전제한다. 구체적인 논제를 둘러싸고 벌이는 토론 중에서도 '분명한 형식'을 갖추고 벌이는 토론만을 구분해서 디베이트라고 부르고 있는 것이다. 즉 둘로 나뉜 참가자들이 찬성과 반대의 의견을 제시할 수 있는 주제를 선택해서 정해진 순서와 시간에 맞추어 토론하는 것이다.

디베이트는 상대 주장의 논리적 모순을 증명하고 비판하며 근거의 오류, 사례의 부적절성 등을 찾아내고, 자신의 주장을 정당화하기 위해 논리적으로 증명하는 지적인 게임이다. 그렇게 때문에 디베이트는 비판적 사고력을 키우는 데 효과적인 교육 수단이 된다. 디베이트는 어떤 주제에 대해 찬반의 의견이 분명한 사람들이 각자 자신의 주장을 논리적으로 내세워 그것이 옳음을 입증하는 말하기다.

논쟁 중심의 하브루타 수업은 교과서나 교재에서 논제를 뽑거나 학생들이 평소에 관심 있는 이슈를 논제로 정해 짝과 모둠끼리 논쟁하는 방법이다. 논제는 찬반을 명확하게 가를 수 있는 쟁점을 말한다. 논제에 대해 미리 짝과 입장을 정한다. 그 방법은 가위바위보를 해서 이긴 사람이 먼저 정하고, 진 사람이 반대 입장을 하거나 서로 의논해서 정하면 된다.

중요한 것은 그 논제에 대해 철저하게 조사해 오는 것이 중요하다. 여러 자료를 통해 자기 입장에 대한 근거를 명확하게 정리해 오는 것이 좋다. 초등학교 고학년 이상의 경우 주장의 근거에 대해 인용을 표시하는 것이 좋다.

논제는 찬성과 반대의 쟁점이 분명한 것도 좋지만, 서로 대립되어 논쟁이 가능하면 어떤 논제든 상관없다. 그리고 학생 수준에 맞아야 한다. 몇 가지 논제를 들면 다음과 같다.

- 삶에서 IQ가 더 중요한가, EQ가 더 중요한가?

- 우리나라 경제를 위해 국산품을 사용해야 하는가?

- 전체 학생에게 무상 급식을 해야 하는가?

- 학생들은 교복을 입어야 하는가?

- 학교에서 체벌은 허용되어야 하는가?

- 학교에서 시험은 없어져야 하는가?

- 교실에서 남녀 학생이 함께 공부해야 하는가?

- 토요일 수업은 없어져야 하는가?

- 모든 학교에 영재교육이 실시되어야 하는가?

- 0~2세 무상 보육이 실시되어야 하는가?

- 학원 운영 시간은 제한해야 하는가?

- 학생의 게임 시간은 통제해야 하는가?

- 폭력적이거나 왕따시키는 학생은 학교에 다니지 못하게 해야 하는가?

- 폭력적인 게임에 학생들의 접근을 차단해야 하는가?

- 생생하게 꿈꾸면 이루어진다라는 말은 미신인가?

주제가 정해지면 인터넷으로 자료를 찾아 자신의 생각과 입장을 정리해 간다. 인터넷을 검색할 때는 키워드를 넣고 우선 신문 기사를 검색하는 것이 좋다. 신문 기사는 글쓰기를 전문으로 하는 기자들이 쓴 글이고, 찬성과 반대 입장이 논리적으로 정리되어 있기 때문이다. 자료는 인터넷 검색, 책 읽기, 전문가에게 묻기 등 다양한 방법으로 탐색한다.

2 짝 논쟁

조사한 자료와 근거를 바탕으로 둘씩 짝을 지어 주장과 질문, 대답, 반박을 주고받으면서 하브루타를 하는 시간이다. 한 사람이 먼저 자기주장을 제시하면 반대편에서 그것에 대해 질문을 한다. 상대방의 질문과 반박에 대해 자신이 조사한 자료를 바탕으로 방어를 하면서 논리적으로 체계를 세워 나간다. 논제에 대하여 '찬성', '반대' 등으로 명찰을 만들어 진행하는 것도 좋은 방법이다.

논쟁이 어느 정도 마무리되면 찬성과 반대 중에서 짝과 의논하여 팀의 입장을 정한다. 그 입장에 따른 근거들을 다듬는다.

3 모둠 논쟁

4~6명의 모둠이 두세 팀의 입장을 내어 놓고 논쟁하는 것이다. 각각 짝 논쟁을 통해 정리한 입장을 바탕으로 모둠끼리 자유롭게 논쟁하는 것이다. 각 주장에 대한 근거들을 검토하면서 논쟁을 벌인다. 어느 근거가 더 타당한지 질문과 반박, 논쟁을 통해 정리한다. 이때 필요한 경우 컴퓨터나 스마트폰으로 검색을 해도 상관없다.

어느 정도 논쟁이 진행되면 그 모둠의 입장을 정한다. 그 입장에 따라 근거들을 모아서 보충한다. 모둠의 주장을 정하고, 그 주장을 뒷받침하는 내용들을 하나하나 정리한다. 모둠의 입장과 논쟁한 내용을 간략하게 요약하고 정리하여 발표를 준비한다.

4 발표

모둠별로 논쟁을 통해 정해진 입장을 발표하고, 그 근거가 되는 논쟁 내용들을 요약하여 제시한다. 한 모둠이 입장을 발표하면 그것에 반대되는 입장의 조가 발표한다. 나머지는 각 주장에 대해 보완할 것이 있을 때만 발표한다. 각 입장에 대해 논의된 논거들을 정리한다. 교사는 학생들의 발표를 들으면서 학생들이 어떤 생각을 하고, 어떤 부분에서 논쟁이 미흡한지, 교사가 추가로 보충해 주어야 할 부분은 무엇인지 생각하게 된다.

5 쉬우르

논쟁을 통해 드러난 각 입장과 그 근거들에 대해 교사는 평가를 하고 설명하기보다는 질문을 통해 학생들의 사고를 자극하고, 학생들이 논쟁에서 빠트린 부분을 짚어준다. 학생들이 논쟁한 내용, 학생들이 해결하지 못한 것들을 듣고, 그것에 대해 다시 질문하여 학생들이 자유롭게 생각한 것을 이야기하도록 이끈다. 그 시간에 학생들이 반드시 알아야 하는 내용들에 대해서는 질문을 통해 학생들로부터 생각을 이끈다.

04

비교 중심
하브루타 수업

비교 중심의 하브루타는 교과서나 교재 등에서 비교할 대상을 정한 후 그 것에 대해 자세하게 조사하고 질문을 뽑아온 다음, 그 질문을 중심으로 비교 대상에 대해 다양하게 하브루타 하는 수업이다. 비교가 토론을 자극하고, 사고를 자극한다. 유사점과 차이점을 논의하고 대조하면서 다양하게 사고하게 된다.

유대인들은 '남보다 뛰어나라'보다는 '남과는 다르게 돼라'라고 가르친다. "형제의 머리를 비교하면 양쪽을 다 죽이지만 형제의 개성을 비교하면 양쪽을 다 살릴 수 있다"라고 말한다. 이런 유대인 격언처럼 아이의 개성을 최대한 존중하고 그것을 더욱 신장시키는 것이 중요하다. 남들과 다른 나만의 모습이 바로 개성인데, 유대인 교육의 특징 중 하나가 바로 이 개성을 존중하는 교육 방법이다.

비교 대상을 잘 선정하면 학생들의 사고는 매우 촉진되고 호기심을 갖게된다. 예를 들어 서양의 초상화와 동양의 초상화를 놓고 그 유사점과 차이점을 비교하면서 토론한다거나 유사한 내용의 동화를 각 나라별로 조사하여 그 차이점들을 찾아보는 등 아주 재미있는 소재들이 많을 것이다.

비교 중심의 하브루타 수업은 비교 대상을 정하고, 비교 대상에 대해 조사하면서 질문을 만들고, 그 질문을 바탕으로 짝 토론, 모둠 토론을 거쳐 발표하고 쉬우르 하는 과정을 거치게 된다.

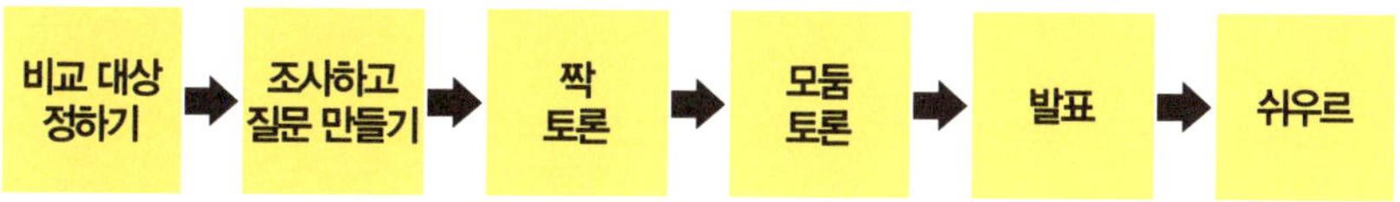

① 비교 대상 선정하기

② 비교 대상에 대해 철저하게 조사하기

③ 질문 만들기

④ 질문을 내용, 심화, 적용, 메타로 구분하여 질문 순서를 정하기

⑤ 1:1로 짝을 지어 토론하기

⑥ 짝별로 좋은 질문 1~3개 고르기

⑦ 고른 질문을 가지고 4~6명이 모둠으로 토론하기

⑧ 최고의 질문을 뽑아 집중 토론하기

⑨ 좋은 질문과 토론 내용 발표하기

⑩ 교사가 학생들이 뽑은 질문을 중심으로 개념과 주제에 맞게 쉬우르 하기

비교 중심의 하브루타 수업은 비교 대상 정하기 → 비교 대상 조사하고 질문 만들기 → 짝 토론 → 모둠 토론 → 발표 → 쉬우르 과정을 거치는 수업 모형이다. 어떤 대상이든 비교가 가능하다면 이 수업 소재가 될 수 있다.

1 비교 대상 정하기

비교 대상이란 비교가 가능한 소재를 말한다. 즉 유사점과 차이점을 잘 찾아내기 쉬운 비교 대상이다. 동화 중에서 내용이 유사한 2가지를 선정하여 비교 토론하거나, 동일한 시대에 각 나라별로 일어난 사건들을 비교하거나, 유사한 인물을 비교하거나 유사한 사건을 비교할 수도 있다. 유사한 주제의 미술 작품, 음악 작품, 문학 작품을 비교할 수도 있고, 동일한 논제에 대해 신문사별로 어떻게 다른지 비교할 수도 있다. 여기서는 내용이 유사한 우리나라와 서양의 동화인 『콩쥐팥쥐』와 『신데렐라』를 비교하고자 한다.

2 조사하고 질문 만들기

정해진 비교 대상에 대해 철저하게 분석하고 조사하면서 질문을 만드는 것을 말한다. 이것 역시 집에서 미리 해오면 좋지만, 그것이 어려울 경우에는 수업 시간에 해도 된다. 학생들이 익숙한 것을 비교할수록 수업 효과는 높아질 것이다. 아는 것일수록 비교가 쉬워지기 때문이다.

우리나라 사람들은 뇌 성향이 우뇌 성향이기 때문에 비교 분석이 약하다.

한국인에게 가장 부족한 것이 좌뇌의 특성들이다. 즉 이성적이고 합리적이지 못하고, 분석하거나 논리적으로 따지는 것을 지극히 싫어한다. 비논리적인 사람은 자신의 감정에 따라 충동적으로 생각하고 행동하는 경향이 있으며, 자신의 첫인상과 생각을 의심해 보려고 하지 않고 그것에 따라 판단한다. 또 자신의 생각이 틀릴 수도 있다는 것을 인정하려 하지 않고 그것들이 적합한 이유를 잘 따져 보지 않으며, 다른 사람의 의견에 귀를 기울이지 않고 다른 사람의 생각과 자신의 생각을 비교 및 검토하려고 하지 않는다. 더불어 복잡하고 이해하기 어려운 말은 이해하려고 노력하지 않은 채 그냥 쉽게 믿거나 거부해 버린다. 비교 하브루타는 우리나라 사람들의 성향을 보완하여 종합적으로 사고하게 하는 아주 좋은 방법이다.

③ 짝 토론

예를 들어 『신데렐라』와 『콩쥐팥쥐』를 비교하는 수업을 한다면, 두 책을 읽고 만든 질문으로 둘씩 짝을 지어 질문과 대답, 반박을 주고받으면서 하브루타를 한다. 질문은 서로 번갈아 가면서 하는 방법이 있고, 한 사람이 끝까지 하고, 다시 다른 사람이 질문하는 방법이 있다. 대답을 듣고 후속 질문을 한 질문을 가지고 길게 하브루타 할수록 좋다. '질문이', '지킴이' 등으로 명찰을 만들어 진행하는 것도 좋은 방법이다. 질문하는 사람은 주로 질문과 반박을 하면서 공격을 하고 대답하는 사람은 논리를 대고 증거를 대면서 주로 방어를 한다.

질문과 답변이 어느 정도 마무리되면 만든 질문 중에서 둘이 합의하여 가장 좋은 질문을 하나 뽑는다.

■4 모둠 토론

4~6명의 모둠 또는 짝끼리 뽑은 좋은 질문 2~3개를 가지고 자유롭게 토론하는 것이다. 돌아가면서 한 질문씩 제시하고 그 질문에 대해 서로 답변, 반박, 재질문을 하면서 자유롭게 토론한다. 토론을 진행하다가 뽑힌 질문 중에서 가장 좋은 질문을 다시 하나 선정한다. 그래서 그 질문을 가지고 토론을 진행한다. 토론은 깊이 들어갈수록 좋다. 이때 필요한 경우 컴퓨터나 스마트폰으로 검색을 해도 상관없다.

모둠별로 최고의 질문을 뽑고 그 질문을 가지고 토론을 진행한 다음 토론 내용을 정리한다. 뽑힌 최고의 질문과 그 질문을 가지고 토론한 내용을 간략하게 요약정리하여 발표를 준비한다.

〈모둠별로 뽑은 좋은 질문의 예〉

• 신데렐라와 콩쥐 중에 누가 더 고생했다고 생각하는가?

• 유리 구두를 신을 수 있을까? 깨지지 않을까? 왜 하필 유리 구두일까?

• 만일 동화가 왕자와 신데렐라가 결혼한 것으로 이야기가 시작된다면 어떻게 될까?

■5 발표

모둠별로 뽑은 최고의 질문과 토론 내용을 한 사람이 발표를 한다. 각 모둠별로 발표하여 다른 모둠에서 어떤 질문으로 어떤 토론이 오갔는지 나누는 시간이다. 교사는 학생들의 발표를 들으면서 학생들이 어떤 생각을 하고, 어떤 부분에서 토론이 미흡한지, 교사가 추가로 설명해야 할 부분은 무엇인지 생각하게 된다.

6 쉬우르

교사가 전체 학생과 짝을 이뤄 질문과 토론을 통해 나누는 시간이다. 교사는 주로 설명하기보다는 질문을 해서 학생들의 사고를 자극하고, 학생들에게서 답이 나올 수 있도록 이끈다.

학생들이 뽑은 질문, 학생들이 해결하지 못한 질문을 듣고, 그것에 대해 다시 질문하여 학생들이 자유롭게 생각한 것을 이야기하도록 이끈다. 그 시간에 학생들이 반드시 알아야 하는 내용들에 대해 질문하여 학생들이 말을 하면서 정리할 수 있도록 도와준다.

친구 가르치기 하브루타 수업

유대인들이 모여 공부하는 벤 미드라쉬나 예시바에서는 아무도 혼자 연구하지 않는다. 여호수아 벤 페라야는 "너 스스로 교사가 되어라, 그리고 함께 연구할 친구를 얻어라"라고 말한다. 스스로 교사가 되어 친구를 가르치고 자신을 가르칠 수 있는 친구를 찾으라는 말이다. 탈무드는 "스승으로부터 배우는 것보다 친구에게 그리고 학생에게 배우는 것이 더 많다"라고 했다. 이처럼 하브루타는 고립되어 혼자 공부하는 것이 아니라 탈무드의 해석을 놓고 서로 모여 토론하고 논쟁하여 의미와 교훈을 깊게 파고드는 방법이다.

친구 가르치기 하브루타 수업은 가르치고 배울 범위를 정한 다음에 그것을 철저하게 공부를 해오고, 서로 가르치고 배우는 수업이다. 짝의 수준은 비슷한 경우가 좋다. 서로 실력이 비슷하면 손해나는 느낌 없이 치열하게 서로 질문하고 반박하면서 공부할 수 있다. 설명을 듣는 학생은 내용을 들으면서 생기는 질문을 수시로 하면 된다.

① 교재 범위 둘로 나누기

② 각자 맡은 부분 철저하게 공부하기

③ 한 친구가 먼저 가르치기

④ 배우는 친구는 배우면서 치열하게 질문하기

⑤ 입장을 바꿔 다른 친구가 가르치기

⑥ 배우면서 치열하게 질문하기

⑦ 서로 토론하면서 이해 못한 내용 정리하기

⑧ 이해 못한 내용 질문하기

⑨ 쉬우르

친구 가르치기 하브루타 수업은 내용 공부하기 → 친구 가르치기 → 배우면서 질문하기 → 입장 바꿔 가르치기 → 이해 못한 내용 질문하기 → 쉬우르 과정을 거치는 수업 모형이다. 친구 가르치기는 앞에서 자세히 살펴보았으므로 여기서는 더 설명하지 않는다.

06

문제 만들기 하브루타 수업

시험이나 평가가 중심에 있는 우리나라 문화에서 시험문제를 학생들이 출제해 보는 것만큼 의미 있는 일은 없다. 시험문제를 풀 때 가장 중요한 것은 그 문제를 출제한 의도를 파악하는 것이다. 그 의도를 파악하기 위해서는 교사의 입장이 되어 보아야 한다. 학생들이 시험문제를 만들면서 교사 입장에서 무엇이 중요한지, 어떤 내용을 알아야 하는 것인지 등등에 대해 고민하게 된다.

학생들은 시험문제를 만들고 수정해 가면서 실질적인 배움이 일어난다. 문제를 풀면서 배움이 일어나는 것이 아니라, 문제를 만들면서 배움이 일어난다. 더불어 문제를 파악하는 안목이 저절로 생기게 된다. 문제의 의미를 파악하는 힘이 생기는 것이다.

공부를 잘하는 것의 가장 중요한 점은 텍스트를 읽고 그 의미를 파악하는 힘이다. 문제를 읽고 문제를 낸 의도를 파악하고, 그 문제가 묻는 핵심을 짚어내는 능력을 갖추는 것이다. 이런 힘을 기르는데 문제를 만들어보는 경험 이상의 것은 없다. 더더구나 친구들과 머리를 맞대고 토론을 하면서 문제를 다듬어 가면 그런 안목이 가장 효율적으로 개발될 것이다.

문제 만들기 하브루타 수업은 정해진 범위에서 문제를 만들고, 그 문제를 가지고 짝과 토론을 통해 다듬고, 모둠끼리 토론을 통해 다듬어서 발표를 하고, 교사가 학생들이 만든 문제를 가지고 쉬우르를 하는 수업 모형이다.

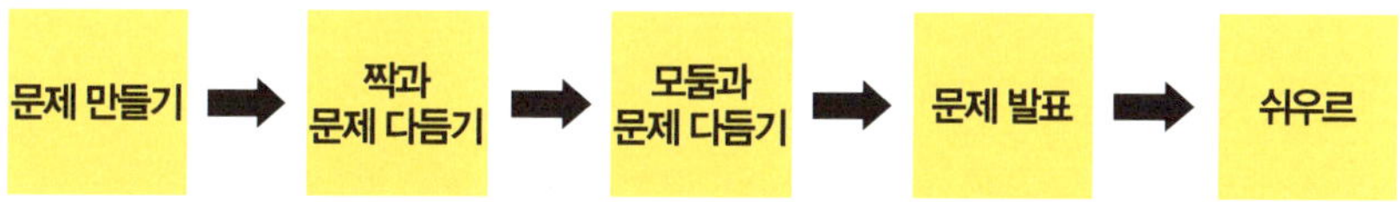

① 교재 범위 철저하게 공부하기

② 문제 만들기-객관식, 주관식, 서술식 등

③ 둘씩 토론하여 문제 다듬기

④ 짝과 좋은 문제 골라내기

⑤ 모둠별로 토론하여 문제 다듬기

⑥ 모둠에서 좋은 문제 골라내기

⑦ 골라낸 문제를 출제한 의도 정리하기

⑧ 문제와 의도 발표하기

⑨ 쉬우르

문제 만들기 하브루타 수업은 범위 철저하게 공부하기 → 문제 만들기 → 짝과 문제 다듬기 → 모둠과 문제 다듬기 → 발표 → 쉬우르 과정을 거치는 수업 모형이다. 시험문제를 출제하면서 실질적으로 배우는 과정이며, 문제를 보는 안목을 기르는 수업이다. 문제 유형은 필요에 따라 사지선다, 오지선다, 단답형, 서술식, 논술식 등으로 교사가 분량을 정하면 된다.

예를 들어 학생들이 오지선다형 문제 2개, 서술식 문제 1개를 만들어 오고, 그것을 짝과 토론하여 4개의 오지선다형 문제 중에서 2개, 2개의 서술식 문제 중에서 1개를 만들도록 한다. 6명의 모둠이라면 모여진 오지선다형 문제 6개와 3개의 서술식 문제를 가지고, 오지선다형 문제 2개, 서술식 문제 1개를 최종적으로 수정하여 만들고, 그 출제 의도를 정리하여 발표하도록 하면 토론을 통해 좋은 문제를 고르는 안목이 생기게 될 것이다.

■ 문제 만들기

수업한 내용에 대해 범위를 주고 시험문제를 학생들에게 만들어 오게 한다. 학교에서 시험 보기 얼마 전에 실행하는 것이 가장 좋을 것이다. 실제로 학생들이 만든 시험 문제를 참고하여 출제해도 상관없다. 자신들이 출제한 문제가 시험에 나온다고 하면 훨씬 집중하여 문제를 만들어 낼 것이기 때문이다. 중학생의 경우 각 반별로 균형을 맞추어 공평하게 문제 출제 비율을 정하면 될 것이다.

범위는 넓지 않은 것이 좋다. 제한된 범위에서 문제를 출제하기 쉬우므로 처음에는 한 문제 정도로 부담을 줄여주고 점차 늘려 가면 된다. 시험문제 출제

하브루타로 형성 평가를 해도 될 것이다.

학생들에게 출제 범위를 주고 문제 유형과 개수를 정한다. 문제 유형은 사지선다형, 오지선다형, 단답형, 서술식, 논술식 등 문제 형식을 설명하고 명확하게 제시한다.

학생들이 문제를 만들 때 기존 참고서나 인터넷에 있는 문제를 그대로 가져올 수 있으므로 그 당위성을 설명하고 직접 만들도록 안내한다. 학생들이 직접 만들어야 의미가 있기 때문이다.

학생들이 집에서 문제를 만들기 어려운 상황이라면 수업 시간에 일정 시간을 제시하고 문제를 만들어 보게 해도 좋다. 처음에는 아주 단순하게 정답이 바로 나오는 문제를 출제하겠지만, 내용을 보고 무엇이 중요한지 생각하게 되고 점점 차원 높은 문제를 출제할 것이다.

▌2 짝과 문제 다듬기

학생들이 만든 문제를 가지고 짝과 토론을 통해 서로 풀어보고, 그 문제를 다듬어 더 좋은 문제로 만드는 시간이다. 한 사람이 먼저 자신이 만들어 온 문제를 내놓고 그 문제를 상대방이 풀어본다. 문제를 풀면서 문제를 낸 사람에게 질문해서 그 문제를 낸 의도를 이해한다. 문제를 풀면서 문제의 난이도 수준을 생각해 보고, 문제가 시험 범위 안에 있는 것인지, 얼마나 중요한 내용을 다루고 있는지, 어느 정도 학생들이 맞출 수 있는지, 더 좋은 문제가 되기 위해서는 어떤 점이 보완되어야 하는지 등을 토론을 통해 협의한다. 한 사람이 준비한 문제에 대한 토론이 끝나면 입장을 바꾸어 다른 친구의 문제를 가지고 서로 토론한다.

서로 문제를 보고 분석하면서 어떻게 다듬으면 더 좋은 문제가 될 것인지 생각해서 문제를 다듬는다. 다듬은 문제 중에서 모둠에 제출할 문제를 선정한다. 교사가 정해준 개수만큼 문제를 선정하고 수정하여 확정한다.

3 모둠과 문제 다듬기

모둠끼리 짝 토론을 통해 올라온 문제를 가지고 검토하여 문제를 다듬는 과정이다. 4~6명의 모둠이 짝끼리 뽑은 좋은 문제를 가지고 자유롭게 토론한다. 돌아가면서 한 문제를 제시하고 그 문제에 대한 출제 의도를 묻고, 더 좋은 문제가 되기 위해 조언을 한다. 문제에 오류가 없는지 진지하게 검토한다.

문제를 다듬으면서 교사가 정해준 문제의 개수만큼 좋은 문제를 선정한다. 토론을 통해 어떤 문제가 더 좋은 문제인지, 학생이 스스로 낸 문제인지, 범위에서 중요한 내용을 다룬 문제인지 등을 토론을 통해 결정하여 좋은 문제를 골라낸다. 선정된 문제를 보고 오류가 없는지 검토하고, 그 문제가 왜 좋은 문제인지를 정리하고, 문제를 낸 의도를 명확하게 정리하여 발표를 준비한다.

4 문제 발표

모둠별로 뽑은 좋은 문제와 그 문제의 의도, 왜 좋은 문제인지 등을 정리하여 한 사람이 발표한다. 가능하다면 빔이나 TV로 컴퓨터 화면을 띄워 놓고, 문제를 직접 입력하여 전체 학생들이 보면서 발표해도 좋을 것이다. 학생들은 다른 모둠에서 선정한 좋은 문제들을 보고 풀어 본다. 그리고 어떤 점이 좋은지 생각한다. 교사는 학생들의 발표를 들으면서 학생들이 어떤 생각으로 문제를 출제했는지, 어떤 부분을 다루지 않았는지, 학생들이 놓친 영역은 무엇인지 등을 체크하면서 듣는다.

5 쉬우르

교사가 전체 학생들과 함께 모둠에서 선정하여 발표한 문제를 놓고 토론을 하는 시간이다. 각 모둠에서 발표한 문제를 빔이나 TV로 띄우고 전체 학생들과 각 문제의 장점과 보완할 점, 수정했으면 하는 부분 등을 질문과 토론을 통해 검토해 가는 과정이다. 교사는 각 문제에 대해 좋은 점과 보완할 점을 구체적으로 학생들이 이해할 수 있도록 하브루타를 진행하면 된다. 구체적 근거를 들어 최고의 문제를 뽑아 그 모둠이나 개인을 시상할 수도 있다.

2장

성적과 실력을 모두 높이는 공부 방법

듣거나 읽으며 공부하기 | 자기 목소리로 녹음해서 반복 듣기
몰입 및 소·발·인·[illegible]이기 | 친구와 짝브르타로 공부하기

01

듣거나 읽으며 공부하기

우리는 강의를 듣거나 책을 읽으면서 하는 공부에 워낙 익숙해져 있기 때문에 이것을 하지 않으면 불안하다. 그래서 동영상으로 시청하든, 직접 강의나 설명을 듣든, 책을 혼자 읽으면서 공부하든 기존 방식으로 공부를 해야 안심이 된다.

이런 방법으로 공부를 할 때 중요한 것은 전체 흐름을 이해하고 파악하는 것이다. 동영상 강의를 듣기 전에 그 강의 내용이 전체적 맥락에서 어디에 해당하는지 미리 파악하고 들어야 한다. 책을 읽으면서 공부할 때는 앞의 목차를 훑으면서 전체 흐름을 파악한 다음, 외우는 쪽이 아니라 이해하는 쪽에 초점을 두고 공부한다. 교사나 강사의 강의나 설명을 들을 때도 전체적 흐름을 먼저 머릿속에 넣어 놓고 그 내용을 전반적으로 이해하는데 중점을 둔다.

교과서나 교재 등 책을 읽으면서 공부할 때는 외우려고 하지 말고 중요한 것이 무엇인지, 외워야 할 것들이 무엇인지 파악하는데 중점을 둔다. 그러기 위해서는 형광펜이나 연필 등으로 중요도에 따라 다르게 표시하는 것이 중요하다. 이렇게 표시한 것들이 다음의 자기 목소리로 녹음할 때 녹음 대상이 되기 때문이다.

공부는 중요한 것과 그렇지 않은 것을 파악하는 것이 아주 중요하다. 어느 정도 공부하면 그런 것들이 눈에 들어오게 된다. 그리고 반드시 외워야 하는 것들을 구분하는 것도 필요하다. 우리나라 시험이 대부분 외운 지식에 바탕을 두고 있기 때문이다.

자기 목소리로 녹음해서 반복 듣기

우리는 공부할 때 계속 책상에만 앉아 있을 수는 없다. 또 그렇게 공부하는 것이 효과적이지도 않다. 누구나 밥을 먹어야 하고 세수를 해야 하고 화장실에 가야 한다. 더구나 학교에 다니는 학생들은 등교와 하교하기 위해 걷거나 차를 타야 하고, 여러 교사로부터 여러 가지 다양한 방법으로 진행되는 수업에 참여해야 한다. 즉 공부할 때 누구나 책상에 앉아 있을 수만은 없다는 사실이다. 그래서 공부는 책상에 앉아 있지 않은 시간을 어떻게 활용하느냐가 너무나 중요하다.

공부를 할 때 우리는 정기적으로 쉬어야 한다. 또 쉬어야 뇌는 계속 공부를 할 수 있다. 쉴 때는 공부와 완전히 반대의 활동을 하는 것이 좋다. 스트레칭이나 운동도 좋고, 세수나 샤워도 좋고, 산책도 좋다. 쉴 때 쉬면서도 공부할 수 있는 방법 중에 하나는 자기 목소리로 공부한 것들을 녹음하는 것이다.

예전에는 녹음할 때 주로 MP3를 사용했지만 지금은 스마트폰에 녹음 기능이 있기 때문에 이것을 활용하면 된다. 녹음은 소음이 차단된 곳이어야 한다. 공부방이나 고시원 같은곳에서 공부를 하다가 쉬고 싶을 때는 그냥 누우면 된다. 누워서 스마트폰 녹음 버튼을 누르고, 공부했을 때 중요하다고 표시했던 부분들을 녹음하면 되는 것이다.

녹음할 때는 중요한 것들만, 자신이 알아듣기 쉽게, 목소리의 변화를 주어가면서 한다. 꼭 외워야 하는 것들은 서너 번 반복해서 녹음한다. 가끔 "OO야! 정신 차려, 이것은 너무 중요해" 등과 같은 추임새를 넣으면 들을 때 지루하지 않고 집중할 수 있다.

자기 목소리로 녹음한 것들의 파일명은 자신이 알아보기 쉽게 해서 저장을 하고, 이 파일들은 책상에 앉아 있는 시간 외에는 무조건 반복해서 듣는 것이 좋다. 차를 타고 가거나 걷거나 화장실에 있거나 밥을 먹을 때 이어폰을 끼고 들리는 자기 목소리에 집중해서 들으면서 외우면 된다. 자주 하다 보면 자기만의 노하우가 생긴다.

책을 읽으면서 중요하다고 표시한 부분이나 꼭 외워야 하는 것들, 잘 외워지지 않는 것들을 녹음한다. 그리고 서술식이나 논술식은 전체를 녹음하면 파악이 어렵기 때문에 전체 개요를 짜서 그것을 녹음하면 된다. 서술식이나 논술식에 꼭 들어가야 할 핵심 내용이나 키워드를 중심으로 개요를 짜고 그 개요를 나름대로 이해해서 녹음하는 것이다.

녹음된 자기 목소리를 들으면 아주 낯설다. 그리고 자기 목소리처럼 들리지 않고 전혀 다른 사람 목소리 같기도 하다. 그 이유는 공기로 듣는 것과 몸으로 듣는 것은 다르기 때문이다. 자기 목소리를 들을 때는 온전히 귀로만 목소리를 듣는 것이 아니라 내부적으로도 소리를 듣는다. 그러면 우리 몸 안의 액체로 되어 있는 여러 구조를 통해서 전달되기 때문에 자신의 목소리가 녹음된 소리를 공기를 통해서만 듣게 되면 다르게 들리게 된다.

하지만 자주 듣다 보면 자연스러워진다. 그리고 다른 사람 목소리보다 자기 목소리에 뇌는 민감하다. 계속 듣게 되면 몰입하게 된다. 밥을 먹으면서, 화장실에 앉아서, 차를 타고 가면서 듣게 되면 몰입이 된다. 다른 사람들은 공부하는 것처럼 생각하지 않고 음악을 듣는다고 생각할 것이다. 하지만 매 순간 치열하게 공부하고 있는 것이다.

공부는 곧 반복이다. 반복 이상도 이하도 아니다. 우리나라 시험은 거의 대부분 암기한 것에 기초를 두고 있기 때문이다. 여러 번 반복해서 들어야 장기 기억으로 남는다. 하지만 필요 없는 것들은 장기 기억으로 남길 필요가 없다. 녹음한 내용들은 꼭 장기 기억으로 남겨야 하는 것이어야 한다. 그러기 위해서는 책을 읽을 때 중요한 것을 잘 파악하는 능력이 필요하고 반드시 표시를 해놓아야 한다.

녹음된 내용을 듣는 주기나 순서는 에빙하우스의 망각곡선을 참고하면 된다. 10분 후에, 1일 후에, 1주일 후에, 1개월 후에 녹음된 내용을 반복해서 듣는 것이 가장 좋다. 이때마다 다시 공부한 다음에 핵심만 따로 녹음해서 듣는

것도 한 방법이다. 즉 다시 복습하면서 잘 외워지지 않았던 것들, 다시 외워야

하는 것들을 확인해서 그것만 다시 반복하는 것이다.

03

몰입 및 손·발·입 움직이기

공부에서 몰입이 중요하다는 사실을 모르는 사람은 없을 것이다. 하지만 몰입은 책상에 오랫동안 앉아 있는다고 생기는 것이 아니다.

몰입은 삶이 고조되는 순간에 물 흐르듯 행동이 자연스럽게 이루어지는 느낌이다. 어떤 일에 완전히 몰입하는 능력을 가진 사람은 어떤 일이 주어져도 몰입할 수 있다. 공부 못하는 학생의 특징은 이 생각 저 생각하면서 오랫동안 책상에만 앉아 있는 것이다.

극도의 몰입에 빠져들면 우선 주변의 소리가 사라지고 다음으로 색깔이 사라지며 시간이 느리게 움직인다. 주로 스포츠 선수나 생명의 위험에 빠진 이들이 경험한다. 오로지 한 주제에 대해서만 생각하게 되어 쓸데없는 잡념이 비집고 들어올 틈이 없다.

명확한 목표가 있고, 활동의 효과를 곧바로 확인할 수 있으며, 과제의 난이도와 실력이 알맞게 균형을 이루고 있다면 사람은 어떤 활동에서도 몰입을 맛보면서 삶의 질을 끌어올릴 수 있다.

몰입을 위한 환경의 핵심은 명확한 목표, 확실한 규칙, 신속한 피드백이며, 몰입하기 쉬운 활동은 자신의 실력보다 조금 더 어려운 문제에 직면했을 때다. 이러한 문제를 그러한 환경과 같이 조합할 때 사람들은 몰입하고 시간 가는 줄 모르게 된다. 약간 힘이 들고 에너지 소비가 많이 이루어지기는 하지만 뒤돌아보면 굉장히 즐거웠다는 걸 나중에 알게 된다.

몰입의 핵심은 천천히 오래 생각하기다. 책상에서 생각하는 것도 중요하지만, 그 외에 일상생활을 하면서 그 주제에 몰입하는 것이 중요하다. 생존에 필요한 일을 제외하고 모든 시간 모든 활동을 그 문제와 연관시켜 생각한다. 한 방면에서만 깊이 생각하는 것이 아니라 다방면에서 생각한다. 잠자기 전에도 생각하고, 잠들면서 생각하고, 깨어나자마자 생각하고, 밥 먹으면서 화장실에서도 생각한다. 집중해서 10분 생각하는 것이 아니다. 하루 종일, 1주일, 1개월 동안이라도 집중해서 생각하는 것이다. 생각은 옆으로 퍼지고 깊어지며 일상은 단순해진다.

인생에 대하여건 수학 문제건, 이해되지 않는 철학 사상이건 문제를 일정 기간 생각하게 되면 뇌는 그 문제의 중요성을 인식하게 되고, 그 문제를 해결하기 위해 풀가동의 태세를 취하게 된다. 의도적으로 오랜 기간 생각하게 되면 뇌는 그 문제를 생존과 직결된 최우선 순위 해결 과제로 생각하게 된다. 아이디어를 얻기 위한 장기기억들의 적절한 조합을 무의식적으로 수행하기 시작한다.

이러한 몰입 사고의 위력은 수면과 결합할 때 더욱 강력해진다. 지속적으로 해당 문제를 생각하게 되면 잠이 들어서도 뇌는 그 문제를 풀려고 하는 관성이 생긴다. 자면서 뇌가 그 문제를 풀려고 할 때 인간은 무의식의 광대한 영역을 사용할 수 있다. 무의식적으로 뇌가 그 문제에 대면하게 만들기, 이것이 핵심이다. 그 이전의 천천히 오래 생각하기는 이를 위한 워밍업이다.

공부를 할 때는 몰입해서 해야 한다. 그래서 책상에 앉아 있는 시간 외에는 계속 자기 목소리로 녹음된 것을 들으면서 생각하는 방법이 중요한 것이다.

몰입과 더불어서 중요한 것은 손·발·입을 자주 많이 사용하는 것이다. 손은 제2의 뇌라고 부를 정도로 뇌의 많은 부분과 연결돼 있다. 우리 민족이 머리가 좋은 이유도 젓가락에 있으며 더 중요한 것은 쇠젓가락이다. 대구경북과학기술원과 영남대병원이 성인 남녀 20명을 대상으로 쇠젓가락과 나무젓가락, 포크를 사용해 콩을 옮기는 실험을 한 결과, 쇠젓가락을 사용할 때 두뇌 활동이 가장 활발한 것으로 나타났다. 연구팀은 쇠젓가락과 나무젓가락, 포크를 이용해 작은 검은콩을 2초에 한 개씩 옮기는 실험을 한 결과, 두뇌 활동이 나무젓가락은 포크에 비해 24% 정도, 쇠젓가락은 포크에 비해 100% 정도 활성화됨을 확인했다.

3가지 식사도구 모두 운동을 계획하고 실행하는 부위는 활성화됐으나 쇠젓가락에서 시각적 집중력에 관여하는 뇌 앞부분 전두엽 부위가 매우 강하게 활성화됐고, 운동을 계획하고 실행하는 뇌 영역도 활성화 정도가 다른 도구들에 비해 높았다.

MBC 〈우리 아이 뇌를 깨우는 101가지 비밀〉 '곤지곤지 쥠쥠의 비밀' 편에서 재미있는 실험이 나온다. 초등학생을 대상으로 15분 동안 쇠젓가락으로 콩 옮기기를 한 후에 수학 시험을 본 집단과 그냥 수학 시험을 본 집단 사이에 점수를 비교한 것이다. 그 결과 쇠젓가락으로 콩을 옮긴 다음에 시험을 본 집단에서 수학 성적이 훨씬 높게 나왔다. 또한 시험보기 직전에 손을 주무르고 안마하면서 간단한 손 운동을 하고 수학 시험을 본 결과 그렇지 않은 경우에 비해 2배 이상 점수가 높게 나온 학생도 있었다.

공부를 하다 지치고 지루해질 때 집중도를 높이는 방법은 손 운동을 하거나 쇠젓가락으로 콩 옮기기를 하는 것이다. 왼손 오른손 번갈아 가면서 하는 것이 좋고, 10~30분 사이가 좋다.

더불어 공부할 때는 맨발로 하는 것이 좋다. 맨발로 걸으면서 책을 읽는 것도 한 방법이다. 또 입을 사용하는 것이 공부에 도움이 된다. 손 · 발 · 입은 신경이 가장 많이 모여 있기 때문에 이곳을 움직이면 뇌가 활성화된다. 아나운서들은 대본이나 기사를 외울 때 모두 소리 내어 낭송하면서 외운다. 소리를 낼수록 기억에 오래 남는다.

혼자 공부할 때 자기 하브루타가 아주 효과적인 공부 방법이다. 방을 돌아다니면서 스스로에게 묻고 스스로 답하는 것이다. 물론 소리를 내어 자문자답하면서 공부해야 한다. 이렇게 공부하면 지루하지 않다. 재미있고 즐겁다. 뇌가 항상 깨어 있다. 소리를 내고 질문을 하기 때문에 뇌가 긴장한다. 암기가 빨리 되고 오래 남는다.

그리고 자기 직전이 매우 중요하다. 뇌는 자면서 뇌를 정리한다. 버릴 기억과 남길 기억을 정리한다. 그래서 자기 직전의 정보가 뇌에 가장 오랫동안 남는다. 유대인들이 베드타임 스토리를 꼭 실천하고 그것이 무서운 위력을 발휘하는 이유가 여기에 있다. 자기 직전에 부모는 꼭 자녀 방에 가서 책을 읽어 주거나 이야기를 들려 주면서 대화를 나눈다. 그리고 축복기도를 하고 아이를 재운다. 그러면 아이는 부모에게 들었던 내용을 아주 오랫동안 기억하게 된다. 특히 엄마 아빠가 사랑한다는 것을 매일 뇌에 각인시킨다. 그래서 그들은 부모의 사랑에 의심이 없다. 기본 신뢰가 바탕으로 깔려 있어서 그 신뢰를 바탕으로 그 어디서든 자신감을 가지고 살아갈 수 있다.

공부를 할 때 자기 직전 30분 동안 하루 동안 공부했던 것을 정리하는 것이 매우 중요하다. 그렇게 하면 뇌는 자기 직전에 공부한 것들을 장기기억으로 저장하므로 공부의 효율성이 높아지는 것이다.

04

친구와 하브루타로 공부하기

친구와 하브루타로 공부하기는 최고의 공부인 친구 가르치기 방법을 활용하는 것이다. 둘씩 짝을 짓는 것이 가장 효율적이다. 만나기도 쉽고 말할 수 있는 기회도 많고 친해지기 가장 쉽기 때문이다. 더 늘리더라도 4명을 넘기지 않는 것이 좋다. 팀으로 공부하는 것은 서로 문제를 내고, 그것에 대해 서로 대답을 하면서 치열하게 토론, 논쟁으로 공부하는 방법이다.

공부를 할 때 도서관이나 독서실처럼 조용한 곳이 좋긴 하지만, 요즘은 그런 곳에서 공부가 잘 되지 않고 지루하기 때문에 카페 같은 곳이나 개방된 공간에서 공부하는 경우가 많다. 예전에는 동네에 독서실이 아주 많았는데 요즘은 현저히 줄었음을 알 수 있을 것이다. 그렇게 칸막이로 된 곳에서 혼자 공부하는 것에 질린 수준에 이른 것이다. 그래서 심지어 공부 카페까지 생기고 있다.

소음이 모두 공부에 방해가 되는 것은 아니고 오히려 공부에 도움이 되는 소음도 있다. 이런 소음을 백색소음 white noise 이라고 한다. 소음이란 듣는 사람에게 도움이 되지 않는 소리를 말하지만, 소음에는 2가지가 있다. 하나는 특정 음높이를 유지하는 '컬러소음 color noise 이 있고 다른 하나는 비교적 넓은 음폭의 백색소음이다.

백색소음이란 여러 가지 주파수의 소리를 골고루 섞어 놓은 것을 말한다. 즉 다양한 음높이의 소리들이 합해져서 무슨 소리인지 알 수 없는 소리이다. 여러 가지 빛을 섞으면 흰색이 되기 때문에 이런 이름이 붙었다. 그 대표적인 예가 비 오는 소리, 폭포수 소리, 파도치는 소리, 시냇물 소리 같은 것들이다. 이런 소리는 소리가 들리지만 집중에 방해되는 것이 아니라 오히려 집중력을 높여주고 심리적인 안정을 준다.

백색소음은 귀에 쉽게 익숙해지므로 작업에 방해되는 일이 거의 없으며, 오히려 거슬리는 주변 소음을 덮어주는 작용을 한다. 백색소음은 마음을 안정시켜 숙면을 이끌고, 스트레스를 감소시키며 집중력과 암기력을 높인다. 실제로 숭실대 소리공학연구소의 연구에 의하면 사무실에서 아무도 모르게 백색소음을 평상시 주변 소음보다 약간 높게 들려주었더니 근무 중 잡담이나 불필요한 신체 움직임이 현저하게 줄었다고 한다. 또 중학생을 대상으로 백색소음을 들려주었을 때와 그렇지 않은 경우를 나눠 영어 단어를 암기하게 했더니 백색소음을 들려줬을 때 기억력이 35%나 향상됐다고 한다.

백색소음을 들으면 뇌에서 알파파 배출량이 증가하고, 베타파가 감소한다. 알파파는 정신을 집중했을 때나 안정을 취하고 있을 때, 베타파는 뇌가 불안할 때 나오는 주파수다. 전문가들이 분리 불안을 느끼는 신생아들에게 자궁 안에서 태아가 느끼는 소리를 들려줬더니 칭얼대던 신생아들이 이 소리를 듣고 안정을 찾는다고 주장하는 것도 이 때문이다.

유대인들이 예시바에서 수백 명이나 수천 명이 한꺼번에 한 공간에서 토론과 논쟁으로 공부하는 것에 더 집중도를 보이는 이유가 여기에 있다. 한 공간에서 둘씩 짝을 지어 토론을 하다 보면 아주 다양한 음폭의 소리들이 공간에 퍼진다. 그래서 그 어떤 소리인지 모르는 백색소음 상태가 된다. 이렇게 웅성웅성하는 상태가 집중도를 가장 높이는 상태이다. 시끄럽기 때문에 상대방의 소리에 더 집중해서 들어야 한다. 그래서 고도의 집중도가 형성된다. 짝과 떠들다 보면 주변에서 나는 소리에 전혀 신경 쓰이지 않는다. 시끄럽다고 느껴지지도 않는다.

친구와 짝을 지어 공부하면 여러 측면에서 효율적이다. 자신이 잘하는 과목이나 내용을 중심으로 공부해도 된다. 자신이 공부하지 않은 부분은 친구가 공부해서 가르쳐 주면 되기 때문이다. 서로 공부한 내용을 친구에게 설명하면 요약이 되고 정리가 되고 복습이 되고 메타인지가 된다. 설명한 것은 오래 기억에 남는다.

배우는 사람은 설명을 들으면서 질문을 하면 된다. 잘 이해가 안 되거나 더 자세한 설명이 필요한 부분 등에서 질문을 하면 가르치는 사람은 긴장을 하면서 뇌가 더욱 활성화된다. 서로 묻고 설명하고 질문하고 대답하면서 공부하면 최상의 공부가 된다.

설명하다 보면 자신이 모르는 부분이 명확해진다. 설명을 못한다는 것은 기억에 없거나 이해가 안 된 부분이다. 그런 부분은 친구의 도움을 받아 보충하거나 검색 결과나 교재를 보면서 확실하게 이해하고 넘어가면 된다.

공부를 잘하는 사람은 자신이 틀릴 것 같은 문제 몇 가지만 확인한다. 바로 자신의 점수를 분명하게 알게 된다. 그러나 공부를 잘하지 못하는 사람은 시험을 보고 나서도 무엇이 맞고 틀렸는지 잘 모르거나 확인하지 않는다. 나중에 채점을 하거나 점수를 보고 "이거 아는 문젠데 틀렸네" 하면서 소리를 지른다. 공부를 잘한다는 것은 자신이 분명하게 알고 있는 것과 모르는 것을 확실하게 구분할 수 있는 것이다. 공부를 못한다는 것은 알 것 같은 것을 다 안다고 생각하는 것이다.

이 4가지 방법이 종합되면 남들이 3~4년 걸리는 공부를 1년에 해치울 수 있다. 공부를 전혀 하지 않는 것 같은데 시험을 잘 보고 좋은 성적을 받을 수 있다. 이 방법은 책상에 앉아 있는 시간은 얼마 되지 않지만 계속 돌아다니면서 공부할 수 있고, 친구와 떠들면서 공부할 수 있다. 그러니 남들이 보기에 공부를 집중해서 하지 않는 것처럼 보인다. 그런데 결과는 전혀 그렇지 않다.

공부는 효율적으로 해야 한다. 핀란드 학생들은 하루 4시간 22분 공부하고 PISA 수학 과목에서 1등을 하고 한국 학생들은 하루 8시간 55분 공부하고 2등을 했다. 그것이 공부의 효율성이다. 유대인들은 우리보다 공부하는 시간이 길지 않은데 아이비리그 입학률 30%를 차지하고 노벨상 역시 30% 정도를 휩쓴다. 그것이 공부의 효율성이다. 공부의 효율성은 스스로 호기심과 질문을 가지

고 다른 사람과 토론을 하면서 하는 공부가 가장 높다. 특히 공부한 것을 친구
에게 가르치고, 친구에게 배우는 것이 효율성이 가장 높다.

: 참고문헌 :

김붕년(2012), 아이의 뇌, 국민출판사

박재선(2010), 세계를 지배하는 유대인 파워, 해누리

변순복(2007), 성경 속으로 탈무드 속으로, 대서

변순복(2008), 유태인 교육법, 대서

변순복(2009), 탈무드가 말하는 가정, 대서

백정은·권혁진(2007), 집단구성유형에 따른 또래교수가 고등학생들의 수학교과 학업성취도와 학습태도에 미치는 영향, 한국학교수학회논문집, 10(4), 487–504

서유헌(2000), 잠자는 뇌를 깨워라, 평단문화사

윤종록(2014), 후츠파로 일어서라, 하우

이민경(2014), 거꾸로 교실의 교실사회학적 의미 분석, 한국교육사회학연구, 24(2), 181~207

이민경(2014), 새로운 교실 만들기의 가능성, 교육비평, 33, 201~212

이영희(2009), 침대머리 자녀교육, 몽당연필

이찬승(2011), 미래사회가 요구하는 새로운 교육/학교 모델 탐색, 교육을 바꾸는 사람들 월례포럼

이희영(2004), 솔로몬 탈무드, 동서문화사

전성수(2011), 복수당하는 부모들, 베다니출판사

전성수(2012), 부모라면 유대인처럼 하브루타로 교육하라, 예담friend

전성수(2012), 자녀교육 혁명 하브루타, 두란노

전성수(2014), 유대인 엄마처럼, 국민출판사

전성수·양동일(2014), 유대인 하브루타 경제교육, 매일경제신문사

전성수·양동일(2014), 질문하는 공부법, 하브루타, 라이온북스

정현모(2011), 유태인의 공부, 새앙뿔

조남호(2014), 스터디코드 3.0, 웅진윙스

조혜경(2012), 기적의 유치원, 쌤앤파커스

차동엽(2012), 무지개 원리, 국일미디어

한국교육연구네트워크 총서기획팀(2010), 핀란드 교육혁명, 살림터

현용수(2005), IQ는 아버지 EQ는 어머니 몫이다 1, 2, 3, 쉐마

현용수(2006), 유대인 아버지의 4차원 영재교육, 동아일보사

현용수(2011), 신앙명가 이렇게 세워라 1, 2, 쉐마

황농문(2007), 몰입, 알에이치코리아

황농문(2013), 공부하는 힘, 위즈덤하우스

EBS 학교란 무엇인가 제작팀(2011), 학교란 무엇인가 1, 2, 중앙북스

KBS 공부하는 인간 제작팀(2013), 공부하는 인간, 예담

데이비드 A. 수자, 박미경 역(2013), 공부하는 우리 아이들 머릿속의 비밀, 한국뇌기반교육연구소

루스 실로, 김하 역(2008), 호기심 많고 엉뚱한 우리 아이 똑소리나게 키워라, 토파즈

루스 실로, 김현수 역(1999), 아들 딸은 유태식으로 키워라, 민지사

마빈 토케이어, 박현주 역(2014), 왜 유대인인가, 스카이

마르셀 뤼포, 정재곤 역(2007), 엄마, 나를 놓아주세요!, 큰솔

마사 하이네만 피퍼·윌리엄 J. 피퍼, 김미정 역(2008), 내적 불행, 푸른육아

알피 콘, 이영노 역(2009), 경쟁에 반대한다, 산눈

제인 넬슨·쉐릴 어윈, 조형숙 역(2001), 넘치게 사랑하고 부족하게 키워라, 프리미엄북스

캐롤 드웩, 차명호 역(2008), 학습동기를 높여주는 공부원리, 학지사

켄 베인, 이영아 역(2013), 최고의 공부, 와이즈베리

헤츠키 아리엘리, 김진자 역(2013), 유대인의 성공 코드 Excellence, 국제인재개발센터

헤츠키 아리엘리, 김진자 역(2014), 탈무드 하브루타 러닝, 국제인재개발센터

후쿠타 세이지, 박재원·윤지은 역(2009), 핀란드 교실혁명, 비아북

힐 마골린, 권춘오 역(2013), 공부하는 유대인, 일상과이상

Brodie. Rachel(2002), *Jewish Family Education; A Casebook for the Twenty-First Century*, LA; Alef Design Group

Donin. Hayim(1991), *To Be A Jew; A Guide To Jewish Observance In Contemporary Life*, NY; Basic Books

Gruzen. Lee F.(2001), *Raising Your Jewish/Christian Child*, NY; Newmarket Press

Holzer. Elie & Kent. Orit(2014), *A Philosophy of Havruta; Understanding and Teaching the Art of Text Study in Pairs*, NY; Academic Studies Press

Jacobs. Louis(1984), *The Talmudic Argument; A Study in Talmudic Reasoning and Methodology*, London; Cambridge University Press

Joseph, Pamela Bolotin(2010), *Cultures of Curriculum*, Routledge

Jungreis-Wolff, Slovie(2008), *Raising a Child with Soul*, NY; St. Martin's Griffin

Parry, Aaron(2004), *The Talmud*, NY; Alpha

Socken, Paul ed.(2009), *Why Study Talmud in the Twenty-First Century?* Lanham; Lexington Books

Torah Aura Productions(2007), *Talmud with Training Wheels*, LA; Joel Lurie Grishaver

Wolpe, David J,(1993), *Teaching Your Children About God*, NY; Harper

EBS 다큐프라임, 〈왜 우리는 대학에 가는가〉 5부 말문을 터라

EBS 〈학교란 무엇인가〉 4부 세계 최고의 고등학교

KBS 스페셜, 〈유태인〉 2부작

KBS 특별기획, 〈공부하는 인간〉 5부작

KBS 파노라마, 〈21세기 교육혁명〉 1편 거꾸로 교실의 마법, 2편 가르침시대의 종말, 3편 진짜 세상을 향한 교실

SBS 스페셜 〈아키타 산골 학교의 기적〉

http://www.p21.org

http://cafe.naver.com/talmudkorea

노벨상을 30% 차지한다.
아이비리그 대학 입학률 30%를 차지한다.
금융, 경제, 교육, 법률 등 각계각층에서 성공한다.
시끄럽게 떠드는데 공부가 된다.
소통, 협력, 사회성, 대화 방법을 익히게 된다.
자기 주도 학습이 저절로 된다.
비판적 사고력, 논리적 사고력이 개발된다.

이런 모든 것들을 가능하게 하는 것, 그것이 '하브루타'이다.